너의 잘못이 아니야

너의 잘못이 아니야

투히스 지음

사람, 목표, 그리고 자기 자신 때문에 지친 당신에게

harmonybook

시작하며

 누구나 완벽하지 않은데 요즘은 모든 면에서 완벽해야 할 것처럼 다들 흠을 잡고 자신을 몰아붙이는 것에 익숙해져 있죠. 그래서인지 사람 때문에 그리고 목표 때문에 그리고 자기 자신 때문에 지친사람을 어렵지 않게 찾아볼 수 있는 듯해요.

 아마 제 책을 그동안 읽어 보셨던 독자분이라면 그동안 내온 이야기들이 연애에 대해서 다뤄왔기에 이번에도 그런 이야기를 다루지 않을까 하는 생각을 하신 분도 있을거에요. 하지만 이번에는 좀 다른 이야기를 다뤄 볼까 싶어요.

 이번 이야기는 제가 상담을 하면서 했던 이야기들 그리고 어떤 사례를 다룰 때 종종 생각했던 부분들에 대한 이야기를 해볼거에요. 누구나 여기 나온 내용들을 다 경험해보진 못했겠지만 경험해 본 사람이라면 분명 위로나 도움이 될만한 이야기라고 생각해요.

 버겁지만 억지로 해나가고 있는 것들, 살면서 방황하게 되는데 빨리 결정 내려야 하는 상황에 몰려 있는 것들, 혹은 그 외의 이런저런 일들로 자책하게 되는 것들 그런것에 대한 이야기를 다뤄볼까 해요.

 누구나 한번 즈음 이러한 문제로 상담받아 볼까 생각하지만 상담을 받는다는 것이 여러 가지 이유로 꺼려지기 마련이죠. 그래서 전부를 담지는 못해도 이런 상황에는 이렇게 생각해도 괜찮다는 것을 담아왔어요.

 부디 이 책을 펼쳐든 당신에게 도움이 되었으면 좋겠어요. 요즘처럼 힘든 이때 우리는 너의 잘못이 아니라면서 토닥여줄 따뜻한 위로가 언제나 필요하죠.

 추운 겨울 따뜻한 봄이 오길 기다리는 마음으로 조금씩 읽어주길 바랍니다.

차례

시작하며 004

☾ part 1.
인간관계 때문에 힘들어하는 당신에게

나를 알아보지 못하는 사람 012 | 기다리게만 하는 사람 015 | 평가하다 018 | 평가받다 021 | 잘해준다는 것 024 | 못 해준다는 것 027 | 받기만 하는 사람 032 | 주기만 하는 사람 035 | 사랑을 많이 받은 사람과의 관계 038 | 사랑을 많이 받지 못한 사람과의 관계 041 | 생각이 많은 사람 044 | 생각이 부족한 사람 047 | 나를 초라하게 만드는 사람 052 | 나에게 관심이 없는 사람 055 | 그냥이 많은 사람 058 | 그냥이 없는 사람 061 | 오래된 관계의 소중함을 아는 사람 064 | 새로운 자극만을 중요시하는 사람 068 | 가족이라서 073 | 친구는 많은 것이 좋을까? 077 | 연인이라서 080 | 직장에서의 인간관계 083 | 인간관계가 힘든 당신에게 086

part.2
목표 때문에 힘들어하는 당신에게

이루지 못한 것은 실패일까? *090* | 허들 *093* | 남이 가진 것 때문에 *096* | 시간 *099* | 이상하게 꼬이는 일들 *102* | 목표가 달라져도 괜찮을까? *105* | 초라해 보이는 일 *110* | 내가 가장 좋아하는 것은? *113* | 내가 가장 잘하는 것은? *116* | 양자택일 *119* | 상황과 목표 *122* | 성취 *125* | 지나가 버린 것 *130* | 배움과 방향 *133* | 소중한 사람의 생각 *136* | 타이밍 *139* | 내가 가진 것 때문에 *142* | 방해자 *145* | 이번이 정말 마지막일까? *150* | 힘들다는 느낌이 들때면 *153* | 확신을 가지고 싶어서 *156* | 남들은 내가 왜 이럴 수밖에 없는지 모른다 *159* | 방황하는 당신에게 *162*

차례

part.3
자기 자신 때문에 힘들어하는 당신에게

조금 더 166 | 시선 169 | 이유 172 | 노력하는 만큼 얻어지지 않기에 175 | 함께 178 | 가능과 불가능 181 | 아픔 186 | 발전을 추구하지 않더라도 189 | 경제적 여유가 없더라도 192 | 이해라는 이름 195 | 용기 내지 않아도 괜찮아 198 | 남이 만드는 나 201 | 거리감 206 | 오늘 할 일 209 | 나는 내 성격을 이해할까? 212 | 주변 정리 215 | 초라한 면도 괜찮아 218 | 초심 221 | 질투심 226 | 만약에서 출발하기 229 | 완벽한 계획은 없다 232 | 너의 잘못이 아니야 236

끝으로 238

part 1.
인간관계 때문에 힘들어하는 당신에게

- 당신의 잘못이 아닌 이유 첫 번째 -

나를 알아보지 못하는 사람

상대에게 나의 가치를 너무 애써서 알리려 하지 마요.

단순히 상대가 안목이 없어서 혹은 나를 쉽게 생각하는 사람이니까 상대하지 말라는 말은 아니에요. 애써서 알리는 자신의 가치는 잘 전달되지도 않고 전달되어도 가치가 떨어지기 때문이에요.

상대가 좋은 사람이라서 내가 준 마음이 어느 정도의 형태로 내게 바로 돌아오면 좋겠지만 우리는 많이 느꼈잖아요. 그동안 그렇지 못했기에 상처받았고 나의 가치를 모르는 사람만 주변에 있는 것 같아 쓸쓸하고 속상했던 감정을요.

그럼에도 어쩔 수 없이 누군가에게 먼저 마음을 주는 것이 익숙한 당신은 또 상처받을지 모르지만 먼저 마음을 써줄 거라는 것도 우리는 알죠. 저는 그런 당신이 마음 쓸 때 쓰더라도 너무 애쓰진 않았으면 좋겠어요.

그냥 내가 준 마음이 어떤 형태로 상대에게 머물고 있는지 그걸 조금이라도 지켜봤으면 좋겠어요. 감사는 하는지 혹은 감사와 같은 마음은 아니더라도 기억하고 잊지는 않는지 말이죠.

단순한 호의라면 아마 쉽게 돌아왔을지도 몰라요 그냥 그저 먼저 건네는 인사라던가 작은 친절에 대한 감사 인사 같은 정도라면 쉬울지 몰라요. 하지만 당신이 건넨 마음은 그것만큼 단순하진 않잖아요.

상대방도 그런 당신에 대해서 이해한 만큼 자신이 그 마음에 대해서 어떻게 돌려줘야 할지 모를 수도 있고 혹은 이해가 부족해서 자신은 충분히 했다고 생각해버릴 수도 있죠.

상대가 아직 당신을 잘 이해하지 못하는 것 같다면 더 많이 잘해주면 알아주겠지 라는 생각하며 너무 억지로 가치를 알리려고 하지 않았으면 좋겠어요. 당신이 부족해서 상대가 이해 못 한 것이 아니니까요.

그러니 서운함을 가지고 알아줄 때까지 잘해주기보다 나에 대해서 알려주고 상대가 받아들이는 시간을 가지세요. 상대가 내 마음을 가볍게 여기고 자기는 할 만큼 했다고만 생각한다면 딱 나도 그 정도로만 거리를 둬 보세요. 그래도 괜찮아요.

아마 마음이 약한 당신이라 이렇게 딱 맺고 끊음이 쉽지 않을 수는 있어요. 하지만 저는 당신이 쓴 마음의 크기를 알기에 그 크기는 결코 가벼운 것이 아님을 알기에 당신의 가치를 알고 기억하는 사람을 위해서만 더 마음을 써주었으면 좋겠어요. 그거면 충분하니까요.

당신의 친절은 결코 쉬운 일이 아니에요

당신의 마음은 사소한 것도 아니죠

그렇기에 스스로 부족해서라고 생각하지 마요

🌙 기다리게만 하는 사람

나를 쉽게 생각해서 기다리게 만든다 생각 말아요.

기다리게만 하는 사람들은 나 외의 사람에게도 그렇게 행동한다는 것을 알아야 해요. 다른 사람에게는 제대로 잘할 거로 생각하지만 하더라도 그건 한순간에 지나지 않고 곧 원래의 모습을 보일 거예요.

이런 사람을 상대할 때 내가 우습게 보여서 혹은 내가 이러한 부분에 중요함을 느낀다는 것을 몰라서 그럴 거로 생각하며 애써 강해지려고 하거나 혹은 상대에게 내 감정을 이해시키려 과도하게 힘을 쓰게 되죠.

그렇게 하다 보면 내가 왜 이렇게까지 해야 할까 싶기도 하고 여러 가지 부정적인 감정에 짜증이 올라오곤 하죠. 이해해요. 그렇게 생각이 들지 않는 것이 오히려 이상할 거라고 생각해요.

하지만 대부분 그렇게 해서는 문제가 해결되기보다는 감정싸움이 되는 경우가 많다는 걸 알잖아요. 상대는 자신의 태도에 반성은커녕 어느 정도 알고 지냈으면 이 정도는 이해할 때도 되지 않았느냐 혹은 너도 그럼 똑같이 하면 되지 않느냐는 반응이 돌아오곤 하죠.

또한 상대가 그냥 내뱉은 "다음에는 잘할게"라는 말에 과도하게 기대

했다가 실망하게 되는 일도 생기게 되죠. 그러니 내가 어떠한 대처를 제대로 잘하지 못해서 이러한 일을 완전히 고치지 못했다고 생각하는 관점에서 접근하기보다는 그 사람의 특성으로 보는 접근이 필요할 거에요.

보통 이러한 경우를 주변에 하소연하면 "뭐 하러 그런 애랑 어울려"라는 답변을 듣기 쉬운데 세상사가 그렇게 단순하게 해결되지 않는 경우가 많잖아요. 그걸 몰라서가 아니라 "그런데도 어쩔 수 없는 경우는 어쩌지"라는 질문에서 우리는 고민하게 되는 것이고요.

따라서 그런 사람과 마주하고 있다면 언젠가 내 기분을 똑같이 느끼도록 상황을 만들어주겠다고 생각하거나 혹은 나를 쉽게 보지 못하도록 만들겠다고 생각하며 마주하기보다 어떻게 하면 적게 접촉할 수 있을지를 생각해보는 방향이 좋아요.

고치겠다, 혹은 이해시키겠다는 방향으로 마주하면 기다리게 하는 사람에게 내 시간과 감정을 더 많이 투자하게 되기 마련이죠. 하지만 그런 사람에게 그만큼의 힘을 투자하긴 아깝잖아요?

그러니 어떻게 하면 최소한으로 접촉하고 내가 그 사람과 함께하는 목적을 달성할 수 있을지 생각해 보세요. 그렇게 하다 보면 이전에 억지로 이해시키려 할 때보다는 조금은 마음이 편해질 거랍니다.

당신이 모자라서 그 사람을 못 바꾸는 게 아니에요
그러니 그런 사람을 위해 힘을 많이 쓰지 말아요

🌙 평가하다

너무 상대를 과하게 평가하는 건 아닌지 생각해보세요.

내가 원하는 바를 상대방이 많이 가지고 있을수록 상대를 과하게 포장해서 바라본 시선에서 평가하게 되는 경우가 있죠. 하지만 그럴 필요는 없어요.

무엇보다 평가하게 되는 그 자체에서 스스로가 조금은 계산적인 게 아닐까 하는 생각에 조금 거부감이 생길 수는 있어요. 맞아요. 그럴 수 있어요 하지만 아무 생각 없이 정말 순수하게만 관계가 이뤄지기도 힘든 건 사실이잖아요.

그러니 너무 부정적인 감정은 가지지 않아도 좋아요. 그러니 조금은 그런 평가하게 되는 자신에 대해서 관대하게 생각하면 어떨까 싶어요. 중요한 건 우리가 평가하게 되는 것이 맞는가 아닌가 보다 우리가 너무 과하게 평가하게 되는 것이 문제인 거잖아요.

정말 둘도 없이 좋은 사람이라고 생각했던 사람이 알고 보면 좋은 사람은커녕 내 편도 아니어서 실망하게 되거나, 내게 도움 될 거로 생각했지만 오히려 나를 이용하기만 하는 그런 사람과 관계가 만들어진 경험이 누구나 한 번쯤은 있을 거예요.

이런 일이 반복되다 보면 "왜 나는 자꾸 안 좋은 사람과 자꾸 관계를 만들게 되는 걸까"하는 생각에 자책에 빠질 수도 있어요. 너무나도 안목이 부족한 건 아닐까 하고 말이죠. 하지만 너무 그런 생각에 의기소침할 필요는 없어요.

그저 앞으로는 조금만 상대를 평가할 때 내가 원하는 부분을 상대가 가지고 있다면 그것에 너무 과한 의미 부여하지 않고 객관적으로 보는 것을 조금씩 연습해보면 어떨까 싶어요.

내가 원하는 것을 가졌기에 상대를 좋게만 보다가 자칫 상대가 가지지 않은 것조차도 가졌다고 믿게 만들고 둘도 없이 좋은 사람이고 함께하는 관계는 너무 좋을 거라고 환상을 만드는 것은 점점 사실과 멀어지는 관계를 만들 뿐이죠.

당신이 행복을 꿈꾸고 나아가서 좋은 사람과 좋은 관계를 맺고 싶은 마음은 너무나도 예쁘고 소중해요. 그런 마음을 위와 같이 어느 순간 사실보다 희망에 더 걸게 만드는 건 좋지 않다는 거 당신도 잘 알잖아요.

어쩌면 정말 당신이 안목이 부족해서 그럴 수도 있을지도 몰라요. 하지만 저는 당신의 안목의 부족보다는 행복하고 싶다는 마음이 너무 당신을 몰아가는 건 아닐까 해요 그러니 누군가를 평가하게 되는 순간에는 너무 포장해서 바라보지 않기를 바라요.

평가하게 되는 것이 꼭 나쁜 건 아니에요
하지만 그 평가에 너무 많은 걸 걸지는 말아요
행복해지고자 하는 희망에 자신을 눈멀게 하지 말아요

🌙 평가받다

평가받은 것으로 너무 자신을 정의하지 말아요.

살다 보면 이런저런 평가를 받기 마련이죠. 우리 또한 평가하게 되는 것처럼 말이에요 그렇게 받은 평가로 자신을 정의 내리게 되는데 그러지 않는 것이 좋아요.

좋은 평가를 받았으면 그것으로 자부심을 느끼면서 그렇게 믿고 사는 건 좋은 게 아니냐고 물을 수는 있어요. 맞아요. 그렇게 믿고 사는 게 좋죠 하지만 때로는 그것만 생각하다 보면 더 크고 좋을 가능성을 놓칠 수도 있어요.

또한 나쁜 평가를 받고 그것을 보완하거나 스스로 자책하며 그 평가의 관점에서만 자신을 바라본다면 한없이 부족한 사람으로만 보게 될 수도 있어요. 그러므로 평가받은 것으로만 너무 자신을 정의 내리지 않는 것이 좋아요.

그냥 흔히 말하는 "당신은 가능성이 있으니 더 나은 것을 추구하세요"라는 측면의 말은 아니에요. 혹은 "당신은 둘도 없는 소중한 사람이니 기죽이는 말에 의미 두지 마세요"라는 말도 아니에요. 단지 당신의 인생은 평가받은 그 정도가 끝이 아니라고 말하고 싶은 것이에요.

인간관계에서는 살아가는 만큼의 일들로 앞선 평가가 뒤집히는 것도 혹은 더 심해지는 경우도 많죠. 그런 남은 많은 상황에 앞서 내가 받은 좋은 평가만으로 나를 정의하고 살다가 그게 뒤집히거나 혹은 안 좋은 평가가 더 쌓이게 되는 상황에 더 시달리게 되지 않도록 어쩌면 지금의 평가들은 그냥 지금에 두는 것이 좋을지도 몰라요.

물론 모든 것을 뒤로하고 잊으라는 것은 아니에요. 당신이 얻어낸 좋은 평가라면 충분히 자랑스러워하고 쓰디쓴 안 좋은 평가는 꼭 극복하리라 다짐하는 정도로 그 마음들만 잊지 않고 가지고 가면 어떨까 싶어요.

그렇게 할 수 있다면 지금까지 잘해왔는데 다음에 못 하면 어쩌지 하는 불안감도 혹은 나는 계속 실패해서 웃음거리였는데 정말 할 수 있을까 하는 두려움도 조금씩은 줄어들 거예요.

인간관계 속에서 살아가는 우리는 늘 그런 평가에 대한 두려움을 가지고 살죠. 그것을 알기에 좋은 평가를 받고 싶고 또 그것 때문에 가진 것보다 가지지 못한 것을 얻어내는 것을 목표로 삼을 때가 많죠.

하지만 그러한 것은 언젠가는 당신을 지치게 만들 수도 있답니다. 그러니 이런저런 평가에 휘둘리며 자신을 정의 내려 힘들게 하지 말고 평가받지 않고 있는 그대로의 지금의 당신에 대해서 좀 더 이해하고 그 있는 그대로를 자신으로 정의 내려보는 건 어떨까요?

어떤 타인의 평가도 당신을 온전히 정의할 순 없어요
그저 지금 있는 그대로의 자신을 이해한다면
그것만으로도 당신은 충분함을 기억해요

🌙 잘해준다는 것

잘해줄 때는 어느 정도 티를 내도 괜찮아요.

괜히 생색내는 거 아닐까 싶어서 잘해주면서도 괜히 티를 내지 못하고 있었다면 어느 정도 티를 내도 괜찮아요. 그래야 상대방은 내가 잘해주고 있는지 어느 정도 알 거니까요.

잘해줄 때는 다들 돌려받고 싶은 마음 이런 것은 생각하지 않고 그냥 잘해주게 되죠. 그런 순수한 마음으로 시작했더라도 우리는 사람이기에 상대방이 몰라주면 때로는 서운하고 속상하기도 하죠.

근데 또 그런 속상함이 스스로 순수했던 마음이 변질한 것 같아 자신에게 실망감도 들게 되는 경우가 있죠. 이럴 거면 처음부터 잘해주지 말걸 이라고 생각하게 되죠. 괜찮아요. 그런 속상함은 정말 당연하니까요.

그러니 만일 당신이 지금껏 이래왔다면 앞으로는 그냥 잘해줄 때는 조금은 티 내봤으면 좋겠어요. 내가 이렇게 해주는 것이 당연한 게 아니라고 혹은 그냥 아무 생각 없이 하는 게 아니라 너만을 위해서 그런 거라고 그 정도 말은 당당하게 해도 괜찮아요.

표현하기 위해서는 당신이 서운해지는 것도 혹은 조금은 잘해줌을 인정받고 싶은 마음도 잘못이 아니라는 것을 이해하는 것에서 시작됨을 알아야 해요. 내가 잘해준 것을 표현하는 것을 막는 것은 그런 생각들에서 비롯되는 경우가 많거든요.

인정받고 싶고 때로는 자신이 행한 노력을 어느 정도라도 돌려받지 못할 때는 서운한 그런 감정은 너무 당연한 거에요 내가 마음이 넓지 못하고 성숙하지 못해서 생기는 게 아니라, 말이에요.

그러니 처음부터 내가 잘해줌을 어느 정도 표현하는 것도 내가 대인배스럽지 못한 게 아니라 오히려 앞서 언급한 당연히 느껴지는 감정을 사전에 차단하고 좋은 일을 하는 스스로 더 힘을 주기 위함임을 알아야 해요.

그렇기에 상대에게 잘해주고 있는 자신이 앞으로도 그런 선한 일을 하는 사람으로 남고 싶다면 우선 다른 누가 인정해주기 전에 먼저 인정해주는 그런 사람이 되었으면 좋겠어요.

물론 그것이 오만해지면 안 되겠지만 당신은 그렇지 않을 거라고 저는 믿어요. 누군가에게 잘해주고도 작아지는 당신이 되지 않도록 어색하더라도 지금 이 글을 읽은 이 순간 이후로는 잘해줄 때는 어느 정도 티 내보는 건 어떨까요?

당신은 모를 거예요, 잘해주는 것은
쉽거나 당연한 일이 아니에요. 그러니
조금은 티를 내도 괜찮아요

못 해준다는 것

소중한 사람에게 못 해주는 것 같다고 생각지 말아요.
우리는 관계가 소중하면 소중할수록 그 관계에서 내가 잘하고 있는지 알고 싶어 하죠. 그러다 상대가 뭔가 불만이 있어 보이면 내가 뭔가 못 해준 것에 대해 몰입하게 되는데 그러지 않아도 괜찮아요.

분명 관계를 유지함에 있어서는 상대의 여러 면을 잘 살피고 반영하는 것이 중요할지 몰라요. 하지만 내가 못 해주고 있다고 생각하는 건 생각보다 내 머릿속에만 들어있는 허상일지도 몰라요.

그렇게 고민할 정도로 나는 상대에게 많은 영향을 받고 있어도 상대는 나 외의 어떤 요소에서 영향을 받아서 그것이 나에게까지 이어진 것일 수도 있어요. 그럴 때 있잖아요. 오늘 뭔가 일이 잘 안 풀렸는데 전혀 상관없는 가족이나 친구에게 짜증 내게 되는 그런 일 말이에요.

그런 것처럼 내가 소중한 사람에게 그 관계에서 어떤 역할을 못 해서 어떤 일이 일어난 건 아닐까를 너무 생각하지 말아요. 만일 정말 나와 관련된 문제라면 당신이 혼자서 너무 어림짐작하며 고민하지 않아도 상대는 얼마 안 가 당신에게 어필하게 될 거예요.

하지만 미리부터 이런저런 생각을 하면서 내가 못 해준 것 같은 부분에만 집중하게 되면 정작 상대의 표현에 관심을 줘야 할 때 주지 못하고 억울한 감정만 먼저 튀어나오게 될 수도 있죠. 그렇게 되면 내가 왜 그랬을까 하며 후회하게 되는 거 우리 한 번씩은 겪어봤잖아요.

그러니 조금은 관계에 있어서 여유를 가지고 내가 못 해줬을 거라고 생각하는 부분에 너무 몰입하기보다 그러느라 바라보지 못한 좋은 부분들을 더 생각해보는 건 어떨까 싶어요. 안 좋을 때는 안 좋은 일이 몰려오는 것 같다고 느끼는 것처럼 부정적인 생각이 가득할 때는 그런 부분들에 휘둘리기 딱 좋은 취약한 상태가 된답니다.

그렇게 되면 괜히 일어나지도 않은 상황과 연관 지어진 글이나 영상을 보면서 감정이입하고 있지도 않은 상황에 대해서 혼자 미리 대비하며 생각하게 되죠. 그렇게 휘둘리다 보면 어느덧 소중한 그 관계는 내가 잘해주고 못 해주고를 떠나서 이미 멀어지게 될 계기가 마련되게 된 것일 수도 있답니다.

알아요. 당신이 못 해준 것 같은 부분 때문에 뭔가 불안하고 그 일종의 '촉'이 당신을 불안하게 만든다는 거 하지만 저를 믿고 조금은 그런 생각을 가라앉히고 앞서 말한 것처럼 지금의 좋은 것에만 한동안은 더 관심을 둬보면 어떨까요? 그러기에도 아까운 시간이잖아요.

못 해준 것 같은 부분에 너무 휘둘리기에는

너무나도 아까운 시간

당신의 소중한 감정을 거기다 쓰진 말아요

어떤 관계를 하고 있더라도
나 자신을 잃지 말아야겠다.
그래야 오고 가는 사람에 빛 바라지 않을 테니

삶이 내게 어떤 인연을 데려다주더라도
나는 중심을 잃지 말아야겠다.
그래야 정말 소중한 인연을 놓치지 않을 테니

지나간 일들이 잊히지 않더라도
나는 새롭게 다가올 것만 바라봐야겠다.
그래야 하루라도 더 행복할 수 있을 테니

관계에 많은 의미를 부여할수록
피어나는 건 행복일까 불행일까?
오락가락하는 마음

행복해지자고 다짐하며 만들어가는 관계인데
왜 갈수록 서로에게 아쉬움만 커질까?
왜 지난 것들만 더 빛나게 보일까?

아는 게 많아질수록 관계는 쉬워져야 할 텐데
왜 아는 게 많아질수록 관계는 점점
알아야 할 게 더 많아지고 어려워지는 걸까?

🌙 받기만 하는 사람

여유가 있는 것만 나눠주도록 해보세요.

관계를 만들어 가다 보면 뭐가 되었든 내게서 받기만 하는 그런 사람이 한둘 즈음 생겨나기 마련이죠. 섭섭하긴 해도 끊어낼 수 없는 이유가 있다면 여유가 있는 것만 나눠주기로 마음먹어보세요.

분명 이런 사람들과 어느 정도 시간을 두고 알고 지내다 보면 서운한 것도 서운한 것이지만 도대체 무슨 생각인지 알고 싶어지는 경우가 많죠. 이런 사람들은 대부분 자기가 받은 것에 대해서 고마움이 없는 건 아니에요.

하지만 그 고마움이 오래가지 못하고 나아가서 자기는 애초에 받아도 그만 안 받아도 그만이라고 생각해서 그냥 받는 순간에 고맙다는 표현을 하면 그걸로 넘어가는 문제라고 생각해요.

어느 순간 당신이 자신에게 더 이상 무엇이든 주지 않아도 그것에 대해서 별생각이 없는 사람일 경우가 많다는 것이죠. 그러므로 크게 뭔가 고마움을 알까 모를까 마음이 어떨까를 당신의 관점에서 애써 생각할 필요가 없어요. 생각하면 할수록 서운해지기만 한다는 거 우린 다 잘 알고 있잖아요.

그러니 이제부터는 그것이 마음이든 시간이든 물질적인 무엇이든 상대에게 그냥 무조건 나눠주기보다 정말 나의 고마움을 아는 사람들에게 다 나눠주고도 충분히 남는다면 그때 줘도 괜찮다고 생각하고 행동하는 쪽으로 해봤으면 해요.

누군가에게 서운함을 느끼는 것은 내가 그 대상에게 쏟은 가치만큼 느껴지기 마련인데 애초에 내 행동에 별생각도 감정적으로 받지도 않는 사람에게까지 어떤 가치를 애써서 투자할 필요는 없어요.

그저 내가 그 사람과의 관계를 이어가면서 아쉽지 않을 만큼만 쓰고 상대가 딱 그만큼 나를 존중해준다면 나도 딱 그만큼만 상대를 챙겨주는 것으로도 둘 사이는 문제가 없어요.

물론 내가 그렇게 하면 왜 이제는 전과 같지 않으냐는 사람도 나오기 마련이지만 그런 사람은 내가 뭘 해도 만족하지 못할 테니 차례대로 정리해야 한다는 거 당신도 잘 알거라 이런 경우는 더 말하지 않을게요.

가끔은 뭔가 정 없이 보일까 봐 스스로 그런 감정에 상대에게 먼저 나서서 챙겨줄 수도 있어요. 하지만 기억해야 해요 우리는 딱 우리가 감당할 수 있을 정도만을 베풀고 받아야 함을 말이죠.

받기만 하는 사람에게 많은 감정을 쓸 필요는 없어요

내가 충분히 여유 있을 때 나눠줘도 괜찮아요

당신이 정 없거나 잘못하는 게 아니에요

🌙 주기만 하는 사람

다 돌려주지 못할까 부담가지지 않아도 괜찮아요.

내게 많은 것을 주기만 하는 사람을 만나면 좋으면서도 부담스러울 때가 있죠, 하지만 너무 부담가지지 않아도 괜찮아요. 괜히 억지로 돌려주려고 하다가는 관계가 어긋날 수 있어요.

사람들은 저마다 특성이 있죠. 누군가는 활발하고 누군가는 조용하고 그런 것처럼 누군가는 관계가 형성되고 나서 무엇이든 먼저 나눠주고 도와주는 것을 좋아하는 사람도 있어요.

그런 사람들의 경우라고 해서 물론 서운함이나 그런 것이 없는 것은 아니지만 그런 사람들은 우선 기본적으로 그렇게 잘해주는 것이 먼저 나서서 그렇게 하지 못하는 사람보다 편하고 좋아서 한다는 것을 이해하는 것이 좋아요.

그러니 괜히 그런 태도에 상대가 이렇게 잘해줬는데 막상 내게 뭔가 필요로 할 때 내가 그걸 해줄 수 없으면 어쩌지 하는 생각은 하지 않아도 괜찮아요. 대신 상대가 내게 무언가 줄 때 그것을 알아주는 태도는 매우 중요해요.

인간관계에서 무언가 오고 갈 때 정확히 같은 가치가 오고 가면 좋겠지만 살다 보면 마냥 그렇게 안 되는 순간들이 더 많죠. 특히 지금 이야기하는 종류의 사람과 관계는 더욱더 그렇게 정확한 가치가 오고 가기 힘들다는 것을 알 거예요.

이런 사람들에게는 내가 정확한 가치를 돌려주는 것보다 그 잘해줌에 대한 마음을 헤아려주는 것이 더 크게 와 닿을 때도 있답니다. 자신의 수고스러움이 비록 자신이 좋아서 하는 것이지만 알아준다는 것에 다른 누구보다 감격하고 알아봐 주는 당신을 더 좋게 봐주겠죠.

우리는 흔히 연애할 때 이런 잘해줌의 불균형에 놓이곤 해요. 이것을 생각해보면 그때 연애하는 우리는 정말 정확한 가치가 오고 가는 것보다 마음을 알아주고 높게 평가해주는 것에 더 기뻐하게 되잖아요.

그런 감정을 기억한다면 아마 내게 주기만 하는 사람을 대할 때도 무엇을 상대에게 해주면 좋을지 명확하게 알 거예요 바로 앞서서 말한 그저 상대의 마음을 알아주고 표현해주기만 하면 된다는 것을 말이죠.

따라서 그런 관계를 부담이라는 이름의 무게 때문에 회피하거나 단호하게 나에게는 그만큼 잘해주지 않아도 괜찮다고 선을 그을 필요는 없어요. 똑같이 돌려주지 못하는 자신이 부족한 것도 잘못한 것도 아니니 말이죠.

내게 뭐든 주기만 하는 사람이 있다면

부담이라는 감정보다

고마움이라는 감정을 더 나누도록 해요

🌙 사랑을 많이 받은 사람과의 관계

어색하거나 이해 안 되는 건 솔직히 말해도 괜찮아요.

사랑을 많이 받은 것 같은 사람과 관계가 생겼을 때 그 사람의 말과 행동이 어색하고 이해 안 될 때가 있는 건 어쩌면 당연한 걸지도 몰라요.

사람은 저마다의 입장이 있죠. 때론 그것이 구체적인 어떤 형태가 아닌, 그냥 느낌적인 느낌으로 나타나는 경우가 있고 그런 경우에는 다른 때보다 더 어쩔 줄 모르는 감정을 느끼게 될 때가 있죠.

나는 사랑이 부족한 삶을 산 것 같은데 누가 봐도 엄청나게 사랑받고 자라서 티 없이 맑고 또 밝아 보이는 그런 긍정의 에너지가 넘치는 사람과 마주하고 있다 보면 때로는 이해 안 되고 때로는 답답한 영역이 존재하는데 보다 보면 가끔 나의 가치와도 연결될 때가 있죠.

왜 나는 저런 것을 경험하지 못했을까? 경험했다면 나도 저 사람처럼 저럴까? 이런 생각에 빠지곤 하는데 그럴 필요는 없어요. 분명 더 사랑받으며 살아온 것 같은 상대라도 내가 부러워하는 만큼 상대도 나의 어떤 면을 부러워할지 모르는 것이거든요.

따라서 우리는 어색하고 이해 안 되는 것을 배척하기보다는 그냥 어떤 이유에서 그런 태도가 나오는지 솔직히 터놓고 이야기하는 태도가 필요해요. 그래서 그냥 막연히 내 머릿속에서 "사랑받고 사는 사람"의 이미지를 과대 해석하지 않도록 만드는 게 필요하죠.

 사랑을 충분히 받고 산 사람이 그렇지 못한 사람에 비해서 긍정적일 수는 있어요. 좀 더 세상이 맑게 보일 수도 있겠죠. 하지만 절대적으로 그렇다고 만도 볼 수 없고 그런 사람에게도 여러 가지 고민과 힘든 점은 있을 수 있어요.

 그러니 그런 사람과의 관계에서 뭔가 보이지 않는 벽을 치고 바라만 보는 것이 아니라 왜 그렇게 생각하게 되었는지를 이해할 수 있도록 다가간다면 어쩌면 내가 보는 것만은 전부가 아닌 그 사람의 세상을 이해하고 괜히 열등감에 빠지게 되는 일을 방지할 수 있겠죠.

 나보다 더 빛나는 것 같다고 생각되는 사람을 보면 우리는 경외감이 생기면서도 한편으로는 질투심에 어떻게든 흠을 잡고 싶은 마음도 생기긴 하죠 하지만 그래서는 행복한 삶에 도달하지 못하고 모두가 불행해지기만 할지 몰라요.

 그러니 우리가 조금 더 행복해지기 위해서 나보다 빛나는 부분이 어색하고 이해 안 된다면 이해하기 위해서 한번 손 뻗어보는 건 어떨까요? 내 생각보다 그리 나와 차이 나지 않을지도 모르잖아요.

내가 초라해질 것 같이 보이는 상대의 모습에도
사실은 나와 별 차이 없는 모습이 있을지 몰라요
그러니 먼저 한 발짝 다가가서 들여다보는 건 어떨까요?

사랑을 많이 받지 못한 사람과의 관계

당신은 보상을 해주는 사람이 아님을 기억하세요.

사랑을 많이 받지 못했다는 것을 많은 일에 핑계처럼 쓰는 사람과의 관계가 이뤄질 때가 있죠. 그런 관계에서 당신이 무조건 그 감정을 다 채워줘야 하는 건 아니에요.

친한 친구 관계에서 혹은 연애에서 관계가 형성될 때 한쪽이 다른 한쪽에게 사랑이 부족해 보이는 것이 안타까워서 그것을 채워주고자 하는 좋은 마음에서 시작되었지만, 곧 그것이 버거워지는 순간을 맞이하는 경우가 있죠.

만일 당신이 채워주려고 시작한 사람이라면 그것에 충분히 응하지 못했다고 해서 자책할 필요는 없어요. 분명 당신이 채워주고자 시작한 관계라고 하더라도 당신은 보상을 해주기 위해 그런 관계를 시작한 건 아니란 걸 알아야 해요.

물론 충분히 사랑받지 못한 사람은 갑자기 그런 사람이 나타나면 처음에는 경계하다가 마음의 문을 열고 나면 그동안 받지 못한 사랑을 충분히 당신에게서만 받고자 하려 할 수는 있어요. 하지만 그것은 채워주는 것으로만은 해결되지 않을 감정이에요.

그동안 사랑받지 못했다고 생각하는 만큼 사랑받는 법에 익숙지 않는 세월을 살아왔음을 이해해야 해요. 그래서 계속 크고 자극적으로 느낀 행동이나 말만을 받는 것이 사랑받는 것의 전부가 아님을 당신을 통해 배워가야 함을 알아야 해요.

그러니 상대가 계속 감정을 갈구하더라도 그동안 해왔던 것을 왜 모르냐고 하며 당신도 속상해하기보다는 당신의 마음이 변치 않는다는 것만 확인시켜주고 그것이 어떤 형태이더라도 안심할 줄 알아야 관계가 건강하게 이어짐을 알려 줘야 해요.

물론 처음에는 쉽지 않을 수 있어요. 하지만 당신의 그런 알려줌에 잘 따라올 수 있는 사람이라면 분명 두 사람은 이전보다 관계가 더 돈독해질 거예요. 하지만 당신의 이야기는 듣지 않으려 하고 자신이 생각하는 것만을 받기를 원한다면 당신은 알려줄 필요가 있어요.

당신이 베푸는 사랑도 무한은 아님을 그리고 당신은 보상을 해주는 사람이 아님을 말이죠. 서로서로 존중할 수 있을 때 사랑을 주고받는 것이 의미 있음을 당신도 이해할 필요가 있어요.

그저 무조건 힘이 되어주려고 한 당신의 예쁜 마음만큼 당신도 보호받고 존중받을 가치가 있음을 잊지 말아요. 그러니 상대의 사랑받지 못했음에 너무 과하게 보상하려 애쓰지 않길 바라요. 할 만큼 했으니까.

당신도 알잖아요, 당신이 열심히 사랑을 줬음을

그렇다면 좀 더 좋게 사랑할 수 있도록

존중을 말하세요. 그 정도는 괜찮으니까요

🌙 생각이 많은 사람

혹여 내가 생각이 부족하진 않을까 걱정하지 말아요.

생각이 많은 사람과 관계를 하다 보면 이상하게 내가 생각이 부족한 것 같이 느껴지는 순간들이 생길 때가 있죠. 상대와의 갈등 혹은 일상에 대화에서도 말이에요.

그러다 보면 점점 상대는 성숙하고 나는 성숙하지 않은 것처럼 될 때가 있는데 그런 흐름에 스스로 정말 생각이 부족한 것인가 생각하지 않아도 괜찮아요. 생각이 많다고 해서 더 좋거나 우월한 건 아니니까요.

단지 생각이 많은 사람은 말이나 행동을 하기 전에 이런저런 생각을 하는 것이 평소에도 습관이 들여져 있어서 그냥 자연스럽게 되는 것일 뿐 그것을 우열의 개념으로 생각할 필요는 없어요.

흔히 "생각 좀 하고 행동해라" 또는 "성급하게 판단하지 말라"라는 말을 들어봤을 거예요. 하지만 그것이 마냥 쉽지만은 않고 또 그렇게 한다고 한들 항상 제대로 된다는 보장도 없다는 것 또한 잘 알 거예요.

그런 부분들을 잘 생각해보면 생각이 많은 사람과의 관계에서 꼭 내가 생각이 그 사람처럼 많아야 좋은 거라고 볼 수는 없다는 거예요. 오히려 생각이 많아서 행동하기까지 주저하게 되는 걸 먼저 내가 이끌어서 그 사람을 보완해줄 수도 있을지 모르죠.

그러니 '성숙하다', '진지하다', '신중하다' 이런 가치에 휘둘려서 자신의 모습을 억지로 맞지 않는 옷을 입듯 끼워서 맞추려고 하지 않아도 괜찮아요. 꼭 저런 가치만이 절대적으로 좋은 가치는 아니니까요.

대신 그런 관계에서는 내가 상대처럼 할 필요는 없더라도 어떻게 하면 그런 상대와 내가 가진 특성이 잘 어울릴지 정도는 많이 생각해보는 건 좋아요. 단순히 "너는 너 나는 나"에게서만 그치면 어쩌면 관계는 시간이 지날수록 불편한 면만 찾게 될지 몰라요.

하지만 서로서로 특성을 잘 살려서 잘 어울릴 수 있도록 하는 방법을 생각하고 서로 제안하고 시도해본다면 그런 불편한 면을 넘어서 앞서서 언급한 것처럼 오히려 상호 보완을 할 수 있는 그런 면이 생길 거라고 저는 믿어요.

그러니 생각이 많은 사람과 함께하며 내가 부족하게 느껴지더라도 너무 걱정할 필요가 없어요. 부족하고 잘못된 것이 아닌 그저 아직은 적응하지 못한 무한한 가능성을 지닌 서로 다른 대상일 뿐이라고만 생각해보아요.

남들은 생각이 부족하다고 말할지 몰라도

나름대로 생각 많이 하잖아요

차이에 휘둘리지 말고 당신답게 어울려보아요

생각이 부족한 사람

왜 계속 알아듣지 못하지 라며 화낼 필요가 없어요.

그리고 또 상대와 나의 관계에서 배려나 존중이라는 개념으로 너무 생각할 필요도 없어요. 상대방은 나를 배려하지 않거나 존중하지 않아서 그런 것이 아니거든요.

흔히 이런 일이 반복적으로 일어나면 대놓고 나를 무시하는 것으로 생각할 수 있어요. 어쩌면 정말 조금은 그럴 수도 있을지 모르죠.

그냥 단순히 나를 무시하는 사람일 거라면 관계를 조금씩 정리하는 것이 답일지는 몰라요. 그건 당신도 충분히 잘 알 거라고 생각해요.

정말 애매한 건 나 역시도 그 사람이 나를 정말 무시하는 건 아닌 것 같은데 평상시 다른 부분은 잘 배려해주는데 하는 생각이 드는 사람과 이런 문제가 생길 때가 애매하죠.

그럴 때 그 사람이 생각이 부족하게 행동하거나 말하는 이유는 다른 것에 있는 것이 아니라 그냥 그런 능력이 없기 때문일 거예요. 결코 당신을 무시해서가 아니라 자기도 자기가 그런지 알지만 어쩔 수 없는 경우일 가능성이 더 높다는 거죠.

아마 이런 이야기를 들으면 더 화가 날지도 몰라요 "알면서 그런다고?"라는 생각에 말이죠. 많은 상담을 하면서 느낀 것은 때로는 알면서도 명백하게 고쳐지지 않는 것들이 분명하게 있다는 것이었어요.

아마 많은 사람은 관계의 중요도와 노력을 연관 지으면서 노력할 만큼 중요하게 생각하지 않았으니 계속 그럴 거라고 이야기하지만 그렇게 단순한 이야기는 아니라는 거에요.

이즈음에서 당신은 "그럼 이런 사람과는 나만 노력해야 해?" 라고 생각할 수 있을 거예요. 알아요. 정말 분한 일처럼 느껴지죠. 하지만 제가 말하고자 하는 건 당신만 노력하라는 것이 아니에요. 오히려 노력하지 말라는 것이죠.

때로는 어떤 관계든 노력을 내려놓아야 할 때가 있어요. 정말 그 상대의 한계를 인정해야 하는 부분이죠. 그건 결코 당신이 더 잘나지거나 더 상대에게 어떤 위압감과 같은 압도적인 감정을 줄 수 있냐 없냐의 여부에서 달라지는 것이 아니에요.

그러니 그 사람이 나를 무시한다고 생각하기보다. 그 사람의 한계라고 생각하고 나 혹은 상대를 몰아세우기보다 적응할 수 있는 만큼 거리를 두고 관계를 이어가 보는 건 어떨까요?

당신이 부족해서 상대를 잘 못 다루는 건 아니에요

그냥 상대의 한계일 뿐이죠

그러니 딱 그만큼의 관계를 해보는 건 어떨까요?

점점 나를 무시한다고 생각할 때는
조금씩 마음을 떠나보내야겠다.
한 번에 보내기에는 너무 힘드니까

아무리 잘 알고 지낸 관계라도
나를 답답하게 할 수 있다는 걸 잊지 말아야겠다
그래야 덜 상처받을 테니까

나와 다른 사람과 섞여 있을 때는
나를 다른 사람과 비교하지 말아야겠다.
괜히 나를 깎아내리게 될 수 있을지 모르니까

맞춰간다는 건 중요한 것일지 모른다.
하지만 맞춰가는 것만큼 어려운 것은 없을 것이다.
그냥 맞추지 않아도 괜찮을 만큼으로 만족해야겠다.

관계에서 안 될 것 같은 것에 매달리지 말아야겠다.
그냥 될 것 같은 것 혹은 할만한 것만
잘 지키고 소중하게 여겨야겠다.

나도 안 할 테니 너도 하지 말라는 것보다
나도 괜찮고 너도 괜찮다고 생각하려 한다
차라리 그편이 덜 피곤할 테니

🌙 나를 초라하게 만드는 사람

애써서 상대하려고 하지 않는 것이 좋아요.

여러 가지 이유로 나를 초라하게 만드는 사람이 있죠. 그런 사람과의 관계에서 내가 더 초라해지지 않으려면 최대한 애써서 상대하지 않는 것이 좋아요.

분명 나는 열심히 하고 있는데 그런 나의 노력을 깎아내리면서 무시하는 사람과 함께하고 있다 보면 정말 그런가 하는 생각에 휘말리게 되죠. 하지만 그렇지 않다는 것을 알아야 해요. 그리고 상대의 흐름을 너무 따라가지 않는 것이 좋아요.

점점 갈수록 그냥 직설적으로 안 좋게 말하는 사람보다 마치 걱정이나 조언을 가장해서 비꼬아서 나의 아픈 부분이나 모자란 부분을 들쑤시면서 힘이 빠지게 말하는 사람을 많이 찾아볼 수 있죠.

그런 사람과의 관계에서 내가 해야 할 것은 억지로 똑같이 비꼬려 하기 보다 혹은 그런 걱정이나 조언이라고 하는 말을 너무 있는 그대로 다 들어주는 태도에서 벗어남에 있어요.

내가 집중해서 들어주는 것 같으면 상대는 그것에 더 신나서 나를 괴롭게 할 말들을 꺼내놓을 가능성이 커요. 그리고 나아가서는 그렇게 해서 당신을 자신이 원하는 대로 이끌어가려고 압력을 넣을 수도 있죠. 그러한 것들을 허용하지 않도록 해야 해요.

당신은 그런 사람들이 말하는 것처럼 그렇게 부족한 사람이 아니에요. 어쩌면 그들이 그렇게 말하는 건 그걸 깎아내려야지만 자신이 빛나는 것 같을 정도로 당신의 모습이 빛나서 위협이 되는 것일지도 몰라요.

그러니 만일 나를 깎아내려서 초라하게 만드는 사람이 있다면 억지로 상대하기보다는 최대한 피할 수 있도록 하는 게 좋아요. 상대해줘 봐야 그 사람만 좋은 일이 되는 것이거든요.

뭐를 해도 흠잡는 요즘, 안 그래도 기댈 곳 없는 당신을 더 힘들게 만드는 대상에게 휘둘릴 필요는 없잖아요. 혹시나 정말 내가 부족하고 나를 위하는 말을 내가 밀어내는 건 아니냐고 생각할 필요는 없어요.

당신은 지금 그대로도 잘하고 있고 자신도 부족하다고 느끼는 그 부족함도 당신을 빛나게 해주는 요소가 되는 것이니 남이 말하는 당신의 부족함에 신경 쓰지 말아요. 어차피 내가 그것을 보완한다고 해도 그 사람은 관심이 없고 더 깎아내릴 거리만 찾을 테니 말이죠.

더 노력해야지 더 신경 써야지
그것만으로는 부족해, 라는 말에 너무 휘둘리지 말아요
정말 당신이 잘못하고 있는 것이 아니니 말이죠

☾ 나에게 관심이 없는 사람

나를 적대시하는 것이 아니니 걱정하지 말아요.

모두의 관심을 받을 수 없다는 건 잘 알고 있을 거예요. 하지만 이런 사람이 어쩌다 보니 인간관계의 그룹에 있으면 괜히 그 사람이 나를 적대시 하는 건 아닐까 걱정하게 되죠.

하지만 너무 걱정할 필요는 없어요. 정말로 내게 관심이 없는 것일 뿐이고 자신만의 어떤 관심사에 빠져서 내가 직접적으로 자신에게 어떤 부정적인 영향을 주는 것이 아닌 이상 내게 크게 위협이 되진 않을 거예요.

다만 당신이 사교적인 사람이라 나에게 관심이 없는 사람에게도 먼저 다가가고 어떤 자극을 주고받는 것을 서슴없이 한다면 한가지 유의해야 할 부분은 있을 거예요. 이러한 사람들은 너무 다가오는 사람에게는 쉽게 적응하지 못할 거라는 부분이에요.

아마 당신은 좋은 마음에 그렇게 먼저 다가갔는데 나에게 그간 관심이 없던 것도 모자라서 나를 조금 경계하는 것 같다면 다소 상심할 수는 있어요. 하지만 사람마다 사교성의 정도가 다르듯 친근해진다는 방식이나 속도는 저마다 다를 수 있음을 이해해야 해요.

그런 경우에는 조금의 시간을 두고 그냥 사소한 인사 혹은 사소한 도움 정도로 조금씩 접촉을 늘려가 보면 어떨까 싶어요. 그리고 그 모든 것에서는 친해지겠다거나 그 외에 어떤 감정적인 상호작용을 기대하진 않고 말이죠.

가끔은 그런 관계 속에서도 시간이 흐르면 뜻하지 않게 가까워지고 좋은 관계가 되는 일도 있죠. 어쩌면 내게 관심 없는 사람은 그런 측면에서 적대적인 관계의 가능성보다 긍정적인 가능성을 더 많이 가진 마치 긁지 않은 복권 같은 존재일 수도 있다는 생각을 해보는 것이 좋아요.

그렇기에 지금의 태도나 인상만으로 판단하지 말고 그런 사람과도 가까워지고 싶다면 혹은 정말 나를 적대시하는지 아닌지 판단해서 나 역시도 선을 분명히 하고 싶다면 여유를 가지고 지켜보는 건 어떨까 싶어요.

만일 그럴 수 있다면 당신의 인간관계의 폭은 조금씩 더 넓어질 거예요. 여전히 나에게 관심 없는 사람들은 있을 것이고 내가 다가가도 내게 큰 관심을 가지진 않겠지만 적어도 아예 아무것도 오가지 않는 것보다는 더 나은 관계가 될 거예요.

오히려 내게 관심이 없기에

그 관계는 더 많은 긍정의 가능성이 있을 수 있어요

그러니 그런 사람이 있더라도 걱정하지 말아요

그냥이 많은 사람

받아들이기 부담스럽다면 선을 그어도 괜찮아요.

서슴없이 그냥 말하고 그냥 다가오는 사람이 주변에 있을 때가 있죠. 분명 그 사람은 사교성이 좋기에 그게 쉬울 수 있지만 나는 그렇지 않다면 억지로 사교성 있게 행동하지 않아도 괜찮아요.

아마 먼저 다가가는 게 힘든 만큼 먼저 다가오는 게 얼마나 고마운 일인지 알아서 당신도 최대한 좋게 맞춰주려고 노력할 거라고 생각해요 하지만 그 노력이 만일 자신을 부담스럽게 하고 있다면 그것은 좋은 것이 아님을 알아야 해요.

그래서 고맙지만 먼저 그냥 다가온 그 사람에게 내가 견딜 수 있는 정도에 대해서 알려주고 딱 그 정도의 거리감으로 관계를 이어갈 수 있도록 유지하면서 상대의 그런 먼저 다가와 주는 부분에 있어서는 고마움을 표시하기만 하면 되어요.

사교적이지 않은 내가 애써 사교적으로 행동해서 꼭 어떤 관계를 유지하거나 얻어낼 필요는 없다는 거에요. 결국에는 사교적인 모든 것도 내 삶의 즐거운 요소가 되어야 하는데 주변의 시선에 혹은 성격을 좀 더 둥글고 좋게 만들어야겠다는 자기 계발적인 생각에만 빠져서 애쓴다면 그 순간 그건 좋은 게 아닌 게 되어요.

어떤 인간관계든 가장 우선시 되어야 하는 건 내가 할만한가 내가 괜찮은가를 이해해야 해요. 상담을 하다 보면 나는 그렇게 적응이 쉽지 않은데 잘되지 않는데 억지로 분위기에 맞추려고 혹은 좋은 사람이 되려고 애쓰는 사람들을 만나고는 해요.

그건 결국에는 나도 혹은 고맙게 다가와 준 상대에게도 좋은 일이 될 수는 없어요. 당신도 사람이기에 불편한 감정은 어디 가는 게 아니라 결국 쌓이게 되고 그것이 더 이상 견디기 힘든 어느 날은 뜬금없는 부분에서 부정적인 형태로 나타나게 되기 마련이죠.

그러니 그냥 뭔가 쉽게 되고 쉽게 다가오는 사람에게 너무 맞출 필요는 없어요. 오히려 그냥 다가온 만큼 내가 먼저 조심해야 할 부분들을 알려준다면 상대 입장에서도 자신이 하고자 했던 좋은 관계를 위해 좋은 마음으로 기꺼이 그 부분을 이해해줄 거랍니다.

그러니 너무 걱정 말고 상대의 스스럼없음에 내 한계나 걱정을 터놓고 어느 정도 거리감을 마련해보는 건 어떨까 싶어요. 앞서서 언급한 것처럼 결국에는 가장 우선시 되어야 하는 건 내가 할만한가 이니 말이죠.

그냥이라고 생각하고 시도할 수 있는 것이 많아서

쉽게 손 뻗으면 좋겠지만 그게 잘 안되더라도

당신의 잘못은 아니에요. 그러니 하던 대로 해보아요

그냥이 없는 사람

조금 서운할 수 있겠지만 맞춰주세요. 그래야 속 편해요

나는 조금 스스럼없이 뭐든 하고 싶지만, 그냥 아무런 계획이 없거나 생각을 크게 많이 하지 않고 실행하는 걸 싫어하는 사람이 있죠.

그런 사람과의 관계에서는 그냥이 없어서 이유가 있어야 하고 논리적으로 설명할 수 있는 부분이 있어야 하는 경우가 대부분인데 그것이 때로는 성가시거나 혹은 그냥 따라주지 않는 것에 서운함을 느낄 때가 있죠.

하지만 그런 사람과의 관계에서 계속 그냥 좀 대충 가볍게 하자는 반응을 보이면 오히려 더 대충이나 가볍게 할 수 없는 감정적인 문제가 발생할 수 있어요. 안타깝게도 이러한 사람과의 관계는 그게 가장 큰 문제인 거죠.

당신도 아마 알 거예요 이런 사람과의 관계에서는 때로는 그런 꼼꼼한 면이 도움이 된다는 걸 말이에요 단지 매번 모든 사안에서 그러니까 그 부분이 힘든 것일 뿐이잖아요. 그래서 그것을 거부하기에는 나만 대충하는 사람이 되는 것 같게 돼버리는 것이 더 짜증난다는 것을 말이죠.

그러니 이런 사람과의 관계에서는 그 사람이 원하는 만큼 계획하고 생각하도록 내버려 두는 것이 좋아요. 그 사람이 그렇게 열심히 하는 것에 잘 따라주기만 해도 그 사람은 기뻐할 거고 충분히 당신을 협조적이라고 느끼는 만큼 좋게 생각해줄 거예요.

아마 종종 그런 생각이 들 거에요. "그렇게 빡빡하게 하지만 않아도 참 좋을 텐데" 하지만 이러한 종류의 사람은 그걸 빡빡하다고 생각하지 않을 거예요 오히려 그렇게 해야 마음의 안정이 되는 부분도 있죠.

그 사람도 일정부분 당신이 말하는 느긋하게 하는 것이나 이런저런 많은 생각을 하면서 그냥 하지 못하는 자신에 대해서 힘들다고 생각하고 자신도 그냥 하고 싶다고 느끼는 부분이 있을 거예요 하지만 그렇게 하고 싶어도 그렇게 되지 않은 성격인 것뿐이죠.

물론 성격이라고 해서 모든 것이 용인되는 것은 아니지만 알잖아요. 나도 내 성격 때문에 그렇게 뭐든 그냥이 없이 이유를 찾고 만들고 꼼꼼하게 힘들다는 것을요 그러니 나도 안 되는 건 안되는 만큼 상대도 안 되는 것이 있다고 생각하고 그 사람의 흐름에 맞춰주면 어떨까 싶어요 손해 볼 것은 없잖아요.

그냥이 없는 모습이 버거워 보일 수는 있지만
내 삶이 그렇지 않다면 내 주변에 그런 사람이
한 명 정도 있는 것도 언젠가는 도움이 될 거예요

🌙 오래된 관계의 소중함을 아는 사람

그 사람의 마음에 고마움만은 잊지 말고 표현해주세요.

가끔 오랜 관계에서 자신을 소중히 여겨주는 이에게 어떻게 마음을 돌려줘야 할지 고민이라는 사람을 상담할 때가 있어요.

연인관계 혹은 친구 관계 등등 여러 형태의 오랜 관계에서 상대가 변치 않는 마음을 준 것에 대해서 그렇게 해주지 못한 자신이 나쁘게 느껴진다는 부분이었죠.

그런 마음에 전부는 아니더라도 일정부분 공감이 되었어요. 저 역시도 고마운 사람이 많은데 그 사람들에게 제가 받은 만큼 무언가 돌려줬다는 느낌이 없어서 항상 마음속에 작은 빚을 가지고 있는 기분이 있거든요.

이런 마음을 가졌을 때 어떻게 해야 할지 그래서 꽤 오랜 시간 고민했는데 무엇보다도 어떻게 돌려줄까보다 내가 고마워한다는 것을 상대방이 느끼게 해주는 게 우선이 아닐까 하는 생각에 도달하게 되더군요.

표현이라는 건 꽤 중요해요. 어쩌면 내가 받은 것을 돌려주는 것보다 중요할지 모르죠. 왜냐하면 상대방은 내게 꼭 똑같이 돌려받고자 오랜 시간 동안 우정이든 사랑이든 여러 가지 형태를 지켜가면서 신뢰를 보여준 건 아닐 거예요.

그저 자신이 준 마음만큼 서로의 관계가 계속해서 돈독했으면 좋겠고 바라는 것이 있다면 언젠가 그것이 익숙해져서 너무 당연하게 여기고 뒷전으로 두지 않기만을 어느 정도 바랄지 모르죠.

그러므로 내게 무언가 오랜 관계의 소중함을 알고 그것에 맞게 행동해준 사람에게는 그 사람의 그런 마음에 대해서 고마워하고 항상 당연하게 여기고 있지 않다는 부분에 대해서 자주 표현해주는 것이 중요할지 몰라요.

아마 당신은 그동안 제가 가졌던 마음처럼 '마음속의 작은 빚'이 있는 것 같은 감정 때문에 조금은 관계에서 부담을 느낄 때도 있었을 거예요. 하지만 꼭 돌려줘야 한다는 생각보다는 당신이 그 사람과의 관계에서 함께 해온 시간 동안 어떻게 생각했는지를 돌이켜보는 것이 좋아요.

그리고 고마웠던 부분에 대해서 명확하게 알 수 있도록 조금은 쑥스럽겠지만 표현하려고 시도해보는 연습을 해보는 것이 좋아요. 저도 처음부터 잘되었던 건 아니에요. 돌려주는 것이 작고 오래 걸리더라도 표현하는 마음은 크고 분명하게 느낄 수 있도록 오랜 시간 동안 생각하고 연습했죠.

그렇게 고마움을 표현해주고 나면 느낄 거예요 그동안 느꼈던 무거웠던 마음이 조금은 편해짐을 말이에요 그러니 어설퍼도 오늘부터 시도해보기로 해요.

마음으로 이어져 온 인연이기에
지금 당장 잘 보답할 수 없음에 자책 말아요
고마움을 표현할 수 있다면 그걸로 충분해요

🌙 새로운 자극만을 중요시하는 사람

안정된 규칙적인 관계는 힘들지 몰라요.

새로운 자극만을 중요시하는 사람과의 관계는 쉽지 않은 것이 당연해요. 당신이 등한시되는 것 같은 느낌도 이러한 사람과의 관계에서는 당연히 따라오는 감정이죠.

분명한 것은 이런 사람들은 꽤 매력적인 사람이긴 할 거라는 겁니다. 그래서 함께 있으면 너무 좋고 자극이 되죠. 하지만 이러한 감정을 안정적인 관계로써 길게 가져가기는 힘들 수 있어요.

마치 어디든 자유롭게 날 수 있는 새를 새장 안에만 가둬두겠다는 것과 같을 테니 말이죠. 따라서 내가 그 사람에게 부족해서 혹은 내가 일종의 같은 급이 아니라서 그 사람이 나를 등한시 하는 건 아니란걸 알아야 해요.

단지 그 사람은 인간관계도 혹은 자기 삶도 새로운 자극을 항상 찾는 것이 익숙하고 그것이 어쩌면 가장 중요한 인생의 목표라서 그런 것이라는 것을 알아야 해요. 그냥 그러는 걸 용인하고 이해한다는 개념이 아니라 그 사람과 함께 관계를 이어가고 싶은 만큼 캐릭터를 이해해야 한다는 개념에 가까워요.

따라서 아무리 그 상대가 매력적이고 좋다 하더라도 내가 끊임없이 그 사람에게 새로운 자극을 제공할 수 없다면 그런 사람과의 관계는 힘들 수 있다는 부분을 분명하게 인지하고 관계를 이어가야 해요 즉 안정된 관계보다는 불규칙한 그런 관계가 오히려 더 관계를 오래 이어갈 방법이라 생각해야 해요.

이러한 사람을 나에게만 묶어두기 위해서 자신을 어떻게 변화해야 하는지 어떻게 이런 사람을 다루는지를 배우려는 경우가 있는데 사실 그건 일시적임에 지나지 않는 것이라는걸 알아야 해요.

나는 안정적이고 정기적인 관계를 원하는 걸 존중받을 자격이 있는 만큼 새로운 자극만을 중요시하고 어딘가 안정적이고 꾸준한 관계에서는 재미를 찾지 못하는 사람이 있다면 그 사람의 그런 모습도 존중하며 어울릴 수 있어야 한다는 것이죠.

따라서 나와 관계가 좋은 것 같은데 왜 이렇게 안정적이지 못할까를 너무 생각하며 고민하기보다 그런 사람임을 받아들이고 관계를 이어갈지 아니면 내가 견디지 못할 거라면 좋은 사람이긴 하지만 더 정신적으로 힘들기 전에 관계를 정리할지를 생각해보는 게 어떨까 싶어요.

일반적이지 않은 모습에 매료되었다면
그 일반적이지 않음에 적응할 수 있어야 해요
그렇지 않다면 당신만 힘들어질 수 있으니까요

그 사람을 안다고 생각하는 만큼 기대하게 된다.
하지만 그것은 착각이었다.
나는 그 사람이 내게 보여준 부분만 알고 있었던 것이다.

관계가 깊어질수록 안심되기보다
불안한 마음이 커진다
그건 여전히 그 사람을 잘 모르기 때문인 것일까?

좋게 맞춰가려면 상대를 이해해야 한다
하지만 종종 배려라는 이름이
온전히 이해하고 이해받음을 방해할 때가 있다

잘 맞추려는 걸 포기했더니
잘 맞춰지기 시작했다.
여태 억지로 맞추고 있음을 알게 된 것이다.

생각보다 많은 것이 내 뜻대로 되었다
하지만 항상 그렇듯
내 뜻대로 되지 않은 부분만이 보일 뿐이었다

생각이 많아 힘든 인간관계라면
생각을 줄이면 되겠지라고 생각하지만
생각을 줄이면 더 힘들어지기만 할 뿐이었다

🌙 가족이라서

가족이라서 억지로라도 노력해야 하는 건 아니에요.

어머니라서 혹은 아버지라서 혹은 자식이라서 라는 이름으로 억지로 초월적인 노력을 해야 할 것 같은 책임감에 힘들어하는 경우가 있죠.

특히 이제 처음으로 엄마가 된 사람이나 아직 제대로 자리 잡지 못해서 방황하는 분들을 상담하다 보면 이러한 감정에 짓눌려 있는 경우가 많았어요.

분명 가족이라고 생각하면 그 어느 무엇보다 특별하게 느껴지는 부분이 있죠. 그래서 좀 더 차별해서 생각하게 되고 그만큼 서운한 부분도 속상한 부분도 생기기 마련이죠.

하지만 가족이라는 이름에서 바라본 대상들이 단순히 누군가의 무엇이니까라는 것을 그 어떤 준비도 없이 바로 감당할 수 있는 사람인가의 문제는 별개의 문제라고 생각해요. 어쩌면 그들도 그런 상황이 처음이기에 잘 대처를 못할 수도 있다는 것을 우리는 잊고 있는지 몰라요.

가족의 구성원을 떠나서 한 명의 개인으로 보자면 지금 내가 고민하는 것을 똑같이 고민했거나 혹은 여전히 하는 그런 사람일지도 모르죠.

그래서 많은 것들이 쉽지 않고 매사가 도전일지도 몰라요.

분명한 것은 이러한 부분에 있어서 우린 다소 관대하지 못한 시각을 가지는 경우가 많아요. 당연히 어느 정도는 해야 하는 것 아니냐의 정도를 넘어서서 갈수록 더 깐깐해지고 더 많은 것을 알고 해내야 할 것을 요구받죠.

그리고 옛날에는 당연했던 것들이 지금은 당연하지 않은 것을 해내야 하는 문제도 마주하고 있어요. 그것이 결코 그 개인의 잘못이 아님에도 불구하고 "옛날에는 이게 당연했어" 같은 말로 가족 구성원으로서의 부담을 증가시키는 면이 있죠.

분명 이러한 문제에 절대적인 해결책은 없을 거라고 생각해요. 하지만 저는 만일 당신이 가족 안에서 이러한 종류의 문제를 겪고 있다면 당신의 노력 부족이나 잘못은 아니라고 말해주고 싶어요.

그저 누구든 겪을 수 있는 문제지만 누구도 아직 완벽한 안정을 위한 답을 찾지 못했기에 일어나는 일일 뿐 당신의 잘못은 아니라고 말해주고 싶어요.

그렇기에 좀 더 내가 노력해야 하는 것 아닐까 애써야 하는 것 아닐까? 그것이 가족으로서 내가 해야 하는 것 아닐까를 생각하고 있다면 이제 그런 생각은 그만하길 바라요 당신은 있는 그대로도 가족에게 충분할 테니 말이죠.

가족이면 어떠해야 하는 거 아닌가라는

생각에 너무 사로잡히지 않길 바라요

그 생각이 당신을 더 힘들게 할 수 있으니까요

🌙 친구는 많은 것이 좋을까?

친구는 적어도 괜찮아요.

상담을 하다 보면 친구가 많은 것이 좋은지 적은 것이 좋은지에 대해서 질문을 받을 때가 있어요. 분명한 건 이것은 취향에 따라서 다를 거라는 거에요.

하지만 그 취향을 떠나서 이야기해보자면 내가 왜 친구를 사귀려고 하는가에 대한 목적을 먼저 생각해보는 게 중요할 거 같아요. 단순히 외로워서 친구를 사귀려 한다면 많든 적든 외로움을 달랠 친구를 사귀는 것이 목표가 되어야 하는 것처럼 친구를 사귀고자 하는 목적에 따라 달라질 거라고 생각해요.

그런 목적을 생각했을 때 만일 당신이 정말 많은 친구가 필요하다면 그것에 맞게 생활해보려고 노력할 필요는 있어요 하지만 만일 친구를 사귀는 목적이 많이 사귀는 것과 무관하다면 지금의 당신의 친구가 몇 명 없다 하더라도 그건 당신이 잘못 살고 있는 것이 아니에요.

친구에 관한 이야기 중 정말 진정으로 마음을 알아주는 친구 셋만 있어도 인생에서 성공한 거라는 말이 있죠 하지만 저는 꼭 마음을 알아주지 않아도 나와 친구가 방향성이 같다면 그게 한 명일지라도 괜찮다고 말해주고 싶어요.

꽤 오랜 시간 전부터 사람들은 인싸인 것을 높은 가치로 생각하는 경향이 있었죠. 분명 누구와도 잘 어울리고 활발하다면 그런 긍정적인 분위기 때문에 좋게 보이는 것은 당연할 거예요.

하지만 어느 순간부터 과하게 성공한 사람의 척도 같은 느낌에 가깝게 인싸를 비추는 느낌이 생기기 시작했어요. 그 결과 그렇지 못한 사람들은 웃음거리가 되거나 자학적인 개그의 소재 정도로 활용되는 경우가 생겨났죠.

이렇다 보니까 친구가 많은 것이 좋은가 적은 것이 좋은가 같은 사람마다 다 다른 가치관에서 답이 정해진 문제처럼 변질되어서 접근하게 되는 것 같다는 생각을 많이 하곤 해요. 그래서 사교적이지 않은데 억지로 사교적이게 하려 한다거나 그런 부담에 시달리곤 하죠.

만일 당신이 그런 문제를 마주하고 있다면 말해주고 싶어요. 친구가 꼭 많을 필요는 없어요. 대신 당신이 친구가 필요하다면 왜 친구를 만들고 싶은지 그리고 그 목적에 맞는 친구를 만나고 있는지는 생각해보았으면 좋겠어요.

그러면 친구가 적더라도 괜찮으니까요.

친구를 사귀는 것도 결국에는
내가 감당할 수 있는가의 문제일 거예요
그러니 너무 애써서 친구를 많이 만들려 하지 말아요

🌙 연인이라서

연인이라서 더 특별해야만 하는 건 아니에요.

저의 상담소에는 연애 상담을 위해 찾아오시는 내담자분이 많은데요. 그 중 "연인이라서" 특별해야 하는 것 아닌가 하는 문제에서 시작된 고민인 경우가 많이 있어요.

이야기를 듣다 보면 "그 정도 특별함은 필요하지"라는 생각에서 "그건 많이 무리 일 거 같은데"라는 생각까지 다양하게 들게 되곤 해요. 아마 대부분 사람들은 연애 자체가 특별한 관계이기에 더 특별한 행동이 다른 관계보다 있어야 한다고 생각할 거예요.

하지만 제가 이야기하고 싶은 것은 더 특별하다는 기준이 어느 정도인지를 생각한다면 그저 평범한 것들의 영역을 얼마나 오래 꾸준히 할 수 있는가, 정도라고 말할 수 있을 거 같아요.

우리가 생각하는 연애를 한다고 떠올렸을 때 하는 평범한 행동들은 사실 다른 관계에서는 얻기 어려웠거나 불가능한 것들이 많죠. 하지만 이러한 것들을 당연하다고 여기기에 더 특별함을 찾게 되는 것 같아요.

더 어떤 느낌을 줘야 하고 그것이 끌림과 설렘을 줘야 한다 느끼지만 사실 연애는 초반에 그럴 수는 있을지 몰라도 계속해서 그런 아주 특별함이 계속해서 존재하진 않아요. 그냥 흔히 연애하면 평범한 거 아니야 하는 행동이 처음부터 꾸준히 유지되기만 해도 대단한 것이라는 거죠.

그러므로 당신이 만일 연애를 하고 있는 사람이라면 더 특별해야 한다는 생각보다 얼마나 연애가 가진 평범함이 처음부터 지금까지 변하지 않고 유지된 것이 있는가를 더 생각해보면 어떨까 싶어요.

그렇게 돌이켜보면 잘되고 있는 부분만큼 안심이 될 거로 생각해요. 그것은 당신도 당신의 연인에게도 해당하는 부분이죠. 그러므로 억지로 더 나아지려고 혹은 더 특별해지려고 노력하거나 그 노력이 뜻대로 되지 않았다고 해서 상심할 필요는 없어요.

당신의 잘못이 아니고 그냥 연애가 그런 것이기 때문이에요. 분명 이러한 이야기를 들으면 그럴 거면 연애를 왜 하느냐는 생각도 들겠지만 잘 생각해보면 당신도 알 거예요 연애가 시작되기 전과 시작하고 초반에 두근거리고 설레는 그 시기에 가장 원했던 감정은 바로 안정적인 관계였다는 걸 말이죠.

그걸 이뤄낸 것이니 지루하게만 생각하지 말고 당신 자신과 연인을 자랑스럽게 생각해보면 어떨까 싶어요. 그것만으로도 이미 특별하니 말이죠.

특별한 당신과 특별한 당신의 연인이 만났는데
더 어떤 특별함을 찾겠나요
그러니 지금의 관계를 변함없이 유지하도록 해보아요

직장에서의 인간관계

사교적이면 도움이 되지만 꼭 필수는 아닐 수 있어요.

직장에 다니다 보면 직장 내의 동료들과의 관계에서 공과 사가 모호해지는 경우가 있죠. 물론 내가 사교적이라서 그 사람들과 친구가 된다는 생각으로 접하고 있다면 이야기는 다르겠지만 그게 아니라면 어떻게 해야 할지 고민이 클 수밖에 없어요.

직장에서의 인간관계는 내가 피한다고 피해지는 요소가 아닌 경우가 많아서 어떻게 하면 적당히 유지할 수 있을지가 관건이죠. 근데 그것을 위해서 내가 억지로 "좋은 사람"이 되기 위해서 노력할 필요는 없어요.

물론 그렇다고 비협조적인 사람이 되라는 건 아니에요. 단지 좋은 사람으로 보이기 위해서 사교성을 갖출 필요는 없다는 이야기에요. 무엇보다 회사는 어찌 되었든 일하러 나가는 곳이라는 것이 가장 큰 전제가 되어야 해요.

그런 관점에서 생각해보면 당신이 애써서 좋은 사람이 되려는 순간 당신의 공과 사에서의 일의 계획이 많이 틀어질 수 있어요. 그러니 가장 우선시 되어야 하는 건 내가 나의 업무를 제대로 처리하고 있는가에서 출발해야 해요.

그러는 과정에서 누군가와 협력하는 차원에서 사교적인 정도라면 혹은 함께 일하는 팀 내의 직원과 어느 정도 원만한 관계를 유지하는 정도라면 괜찮을지 몰라요. 하지만 그런 원만함 정도에서 더 나아가서 사생활의 영역으로 이어지게 되는 건 조심하는 것이 좋아요.

상담을 하다 보면 이러한 부분에서 완급조절에 실패해서 계속해서 착한 사람으로서의 이미지를 힘들지만 억지로 유지하고 그것이 결국 일에도 지장을 주는 경우를 많이 마주하곤 해요.

처음에는 그냥 좋은 마음에 좋게 지내기 위해서 시작한 관계가 어느덧 내가 해야 할 일을 늘리게 된다거나 사적인 시간에서의 휴식을 침해받는 일로 이어지게 돼버린 것이죠.

저는 그럴 때는 이미 그렇게 되었다면 조금의 피해는 생기더라도 더 심각해지기 전에 착한 사람으로서의 모습에서 벗어나라고 조언하고 있어요. 사교적인 것은 도움이 될 수는 있지만 지금처럼 이럴 거라면 꼭 필요한 건 아니라고 말해주죠.

물론 딱 맺고 끊음이 쉽지 않을 수는 있어요. 다소 싸가지없게 보일까 봐 두려움도 있을 수는 있어요. 하지만 기억해야 할 것은 그곳은 일터라는 것을 기억해야 해요 내가 사교적으로 잘 지내야 하는 사교 공간이 아니라, 말이죠.

사회생활이라는 이름 때문에
억지로 사교적일 필요는 없어요. 사교적이지 않아도
할 것만 잘 해내면 직장에선 그걸로 충분해요

인간관계가 힘든 당신에게

서로가 같으면 같은대로 혹은 다르면 다른대로
우리는 자주 갈등하게 되곤 하죠.

관계를 유지하는 것도 더 낫게 만들려는 것도
우리는 항상 뜻대로 되지 않아 속상해하죠

그러다 보면 어느 순간 다 부질없게 느껴져서
다 내려놓고 싶다가도

조금의 따스함을 느끼면 이내 언제 그랬냐는 듯
또 마음 돌리고 같은 고민을 반복하죠

인간관계는 이렇듯 풀리지 않을 문제가 무한한 것처럼
막막하고 힘들어요.

하지만 나쁜 면보다 달콤하게 느꼈던 좋은 면을
서로 바라봐주고 다름을 틀림으로 보지 않고
서로에게 잘 적응할 수 있다면 우리는 괜찮을 거예요.

결코 당신이 무언가 잘못해서 뜻대로 안 되는 게
아니에요. 원래 어려운 것이 인간관계에요

그걸 잊지 않기로 해요.

part 2.
목표 때문에 힘들어하는 당신에게

- 당신의 잘못이 아닌 이유 두 번째 -

🌙 이루지 못한 것은 실패일까?

이루지 못한 것은 실패가 아니에요.

물론 실패라고 생각되는 부분들과 감정적으로 느껴지는 불쾌감은 당연하게 있을 수 있어요 그런 마음을 소홀히 여기는 건 아니에요. 단지 당신이 아직은 끝이 아니고 더 나아갈 수 있음을 말해주고 싶어요.

살면서 이런저런 이루지 못한 것이 생기죠. 열심히 준비했던 일이 잘 안 풀린다거나 인생에서 이런저런 사소한 계획이 틀어져서 계획된 정도까지 도달하지 못하거나 마음을 나누고 싶은 사람과의 관계가 잘 이뤄지지 않는다거나 하는 식의 일들이 있죠.

그런 일을 겪고 나면 왜 남들은 자연스럽게 편하게 잘 되는 일이 나에게만 이렇게 어렵고 무력감을 느끼게 하는 일이 되느냐는 생각을 자연스럽게 하게 만들죠. 그런 생각을 하는 자신을 돌아보며 또 조금은 한심하게도 느껴지죠.

하지만 그렇게 생각하면서 실패라고 생각하기보다는 이렇게 생각해 보는 건 어떨까요? 주위를 둘러보았을 때 남들은 자연스럽게 얻어지는 것 같은 자연스러움이 아니었기에, 당신에게 어떤 것이 자연스럽고 편한 것인지 몰랐기에 이루지 못한 것이라고 말이죠.

누구에게나 저마다의 능력과 매력이 있다고 생각해요. 그것은 가장 익숙하고 편안한 상황에서 잘 발현되기 마련이죠. 억지로 어떤 척을 한다거나 무리했을 때 나오는 것이 아니라 말이죠.

그런 측면에서 지금 당신은 어쩌면 가장 불편한 상황이고 무리하고 있는 부분을 감당하고 있는지도 모르죠. 그렇기에 저는 지금 당신이 이루지 못해서 마음 아파하는 모든 것에 있어서 혹시 너무 무리하고 있었던 건 아닌지 생각해봤으면 해요.

남들이 다 하니까 내게 맞지 않아도 해야 할 거 같아서 시도했는지, 아직은 때가 아닌데도 그저 부러움에 너무 뛰어든 건 아닌지, 인정받고 싶은 마음에 너무 빠져들었던 건 아닌지 당신을 돌아봤으면 좋겠어요.

아마 그렇게 돌아보다 보면 당신이 이루지 못한 것이 결코 당신이 무능해서도 당신이 무언가 잘못해서도 혹은 운이 없어서도 아님을 알 수 있을 거라고 생각해요. 분명 당신에게도 맞는 길이 있을 거예요.

그러니 지금 이루지 못한 것 때문에 너무 무력감을 느끼지도 너무 실패라고 받아들이지도 마요. 무리했던 것을 멈추고 다른 선택을 하나둘 하기 시작하면 아마 당신의 길을 당신이 바라보는 남들처럼 찾게 될 거예요. 당신은 아직 실패한 것이 아니랍니다. 이것만 기억해보아요.

이루지 못한 것은 실패가 아니에요

우선 무리했던 것들을 돌아봐요

그것부터 내려놓는 걸로 시작해 봐요, 우리

허들

더 많은 것을 성취하고 싶어도 너무 몰아붙이지 말아요.

성취는 몰아붙여서 한계를 뛰어넘을 때 이뤄지기도 하지만 당신이 목표하고 있는 일상의 많은 부분은 오히려 몰아붙일수록 멀어질 수도 있기 때문이에요.

우리는 여러 가지 이유로 자신을 발전시키려고 노력하죠. 그러한 자세는 분명 도움이 된다고 말할 수 있을 거예요 하지만 때로는 그런 발전들이 자신을 깎아 먹는 기준이 될 수도 있다는 생각을 해 봐야 해요.

일상에서 어떤 목표를 정했는데 그것을 꾸준히 이뤄내지 못한다거나 혹은 처음부터 너무 무리한 목표라서 최선을 다했음에도 끝내 도달하지 못했다거나 하는 일들이 있죠.

보통 그럴 때는 그런데도 최선을 다했다고 생각하는 것이 정상일 것 같지만 열정이 넘친다면 혹은 자기 자신에 대한 기대가 컸다면 그것을 관대하게 대하지 못하는 경우가 발생하고는 하죠.

분명 무언가에 있어서 이루지 못한 것에 분함을 느끼는 것은 다음 도전에 있어서 원동력이 될 수도 있어요. 하지만 그것이 원동력이 되기 전에 자신에 대한 실망으로 이어지게 되어버리면 열심히 하던 모든 것에 허탈감이 커지게 되는 이유이기도 해요.

 내가 뭐 하려고 이렇게까지 했을까 나는 왜 그 정도도 해내지 못할까 등 점점 자기학대로 이어지기도 하죠. 그러므로 어떤 목표를 정했다면 그 목표를 향해 열심히 하는 것과 자신을 몰아붙이는 것의 구분을 하는 것이 좋아요.

 몰아붙이는 것의 기준이 무엇이냐고 묻는다면 저는 "자신이 통제할 수 없는 영역"에 대한 것을 말하고 싶어요. 예를 들어서 어떤 일을 성공적으로 잘 해내서 인정받겠어! 라는 목표가 있다고 가정해보죠.

 일을 성공적으로 해내는 부분까지는 나의 열정과 능력 그리고 노력에 따라서 판가름 날 가능성이 큰 부분이에요 그런 부분들에 최선을 다하는 것은 몰아붙이는 것이 아닐지 몰라요. 하지만 "인정받겠다"라는 부분은 나의 통제를 벗어난 부분이죠.

 이런 통제를 벗어난 부분을 달성하지 못했더라도 자신에게 관대해질 필요가 있어요. 때로는 성과조차도 좋지 않을지 모르지만 자신에게 넘어야 할 허들을 점점 높여서 자신을 더 힘들게 할 필요는 없어요.

 그러니 지금 한번 생각해보면 좋겠어요. 내가 지금 향하고 있는 목표에 나는 어떤 부분을 생각하고 있는지 그것이 정말 온전히 내가 통제할 수 있는 영역에 해당하는지.

점점 실패나 어중간한 성취를 용납하지 않기에
어쩌면 자연스럽게 무리하게 될 수 있어요
하지만 자신에게 너무 큰 시련을 주진 않기로 해요

🌙 남이 가진 것 때문에

나보다 더 잘난 남 때문에 나를 낮추진 말아요.

살다 보면 나보다 훨씬 많은 면에서 대단한 사람들을 볼 때가 있죠. 그건 내 삶의 목표를 향해가는 과정에서 때로는 이정표가 되기도 하고 때로는 방해물이 되기도 하죠.

남이 가진 것이라는 것은 단순히 부러움을 떠나서 가끔은 좌절감을 주기도 하는데 우리는 어느 무엇보다 그런 좌절감을 버릴 필요가 있어요. 질투심에 눈먼 것보다 더 위험한 것일 수도 있거든요.

남이 가진 것을 보면서 좌절하는 것이 좋지 않은 이유는 나 자신을 낮추는 것에 확실한 영향을 주기 때문이에요. 그 사람은 그래서 그걸 해냈다더라, 어떤 사람은 거기까지 노력하는데 나는 그렇게 까지는 못해 라면서.

마치 그 사람은 특별한 사람이고 나는 그렇게까지는 못하는 사람이라고 단정 지어버리는 증거처럼 되어버리죠. 하지만 사실 그렇지는 않아요. 비록 내가 그 사람이 가진 것을 똑같이 가지게 되진 못할 수도 있어요.

하지만 다른 방향에서 나는 더 대단한 것을 달성할 수도 있고 혹은 내가 부러워했던 보면서 좌절감을 느꼈던 사람 정도의 무언가를 만들어 낼 수 있을지도 모르죠.

목표를 바라보는 우리가 잊지 말아야 할 것은 바로 내가 이루고자 하는 목표로 향하는 길은 하나만 있는 것이 아니라는 것이에요. 분명 남을 보았을 때 그 사람이 가진 것과 내가 가진 것을 과정의 영역에서 비교하게 되겠죠.

하지만 꼭 내가 비교하는 사람의 열정, 능력 등 여러 가지 것들만이 정답은 아니라는 거에요. 그러므로 나는 저 사람 만큼 하지 못하니까 아마 못할 거야 이런 생각을 하기보다는 나는 저렇게 안 할 건데? 라는 생각을 가져보는 것이 좋을지도 몰라요.

세상에는 수많은 사람이 있고 수많은 성공 공식이 있어요. 당장 서점에 가봐도 내가 옳다며 자신이 성공하기까지의 과정에 관한 이야기를 담은 책만 해도 엄청나게 많고 계속 쏟아지고 있죠.

따라서 남이 가진 것이 빛나 보이더라도 그것에 너무 휘둘려서 나를 낮추고 나는 그렇게는 할 수 없어 그러니 도달하지 못할 거야 라는 생각은 내려놓았으면 좋겠어요. 그대도 충분히 할 수 있을 테니 말이죠.

바라보는 곳에서 시선을 떼지 말아요

당신이 가는 길이 답이 될 거고

도착하고 나면 잘 해냈다는 생각을 할 거예요

🌙 시간

시간에 쫓기듯 살더라도 괜찮아요.

살면서 여유를 가지면서 사는 건 누구나 바라는 삶의 모습일지 몰라요. 어떤 경우에는 여유가 있어 보이는 것만으로도 그 사람의 인상을 결정하는 예도 있으니 정말 좋고 중요한 태도라고 볼 수 있을지 몰라요.

하지만 저마다의 사정이 다르기에 시간에 쫓기듯 살게 되는 경우도 생기기 마련이죠. 나이가 몇 살인데 제대로 자리를 잡지 못해서 불안을 느낀다거나 혹은 주변에는 연애나 결혼 등 대인관계에서도 어떤 성취를 이뤄냈는데 나만 가지지 못한 것 같아서 애타게 되기도 하죠.

이렇게 여러 가지 이유로 우리는 시간에 쫓기듯 무언가를 빨리 성취해내야 할 것처럼 내몰리게 되는 때가 있어요. 그리고 그런 자신이 어딘가 모르게 조금은 한심하고 상황이 좀 더 좋았다면 하는 한탄을 하게 되기도 하죠.

저 역시도 이런저런 사정으로 인해서 꽤 어릴 때부터 뭔가 시간에 쫓기듯 사는 것 같다는 이야기를 꽤 많이 들었어요. 하지만 저는 그것에 크게 신경 쓰지는 않았어요. 어쩌면 일정부분은 현실이기에 그걸 받아들이는 게 더 편했는지도 모르죠.

중요한 것은 그렇게 시간에 쫓기듯 살아도 스스로가 무언가를 꾸준히 하고 있다면 그것은 결코 무의미한 일은 아니에요. 무언가를 이루고 성취하는 과정에서 마냥 여유를 가지고 하는 것만도 사실 쉽지는 않을 수 있거든요.

이유가 무엇이든 조금은 자신을 다그치고 조금은 빨리 도달하고 싶은 마음에 더 에너지를 쏟게 되고 이런 것이 나쁘다고만은 할 수가 없어요. 물론 내가 원치 않는데 내몰리게 되는 상황은 좋게만 생각할 수 없기는 하죠.

하지만 어쩔 수 없이 내몰린 그 상황이 당신을 완전히 찍어눌러서 도무지 어쩔 수 없게 만든 게 아니라면 저는 당신은 괜찮아질 거고 지금 얻지 못한 것을 앞으로 시간의 흐름에 따라서 하나둘 얻어낼 거라고 믿음을 주고 싶어요.

당신은 혼자가 아니고 당신이 포기하지 않는 이상 세상도 당신을 포기하지 않을 거라는 것을 믿었으면 좋겠어요. 분명 내가 노력한 만큼 꼭 보상이 돌아오는 시대는 아니지만 그런데도 내가 꾸준히 노력한다면 어느 정도 위안이 될만한 것은 돌아오는 건 여전한 것 같거든요.

그러니 그렇게 쫓기며 살아도 괜찮고 남들이 할 수 있는 거 충분히 할 수 있다고 생각하길 바라요. 정말 그러니까요.

시간이 부족한 것 같아도
그 부족한 시간을 내가 제대로 못 쓴 것 같아도
그렇지 않아요 그대는 잘하고 있습니다

🌙 이상하게 꼬이는 일들

운이 나빠서 그런 일이 벌어지는 것만은 아니에요.
흔히 일이 꼬이기 시작하면 왜 내 인생은 되는 일이 없을까 하는 생각부터 하게 되죠. 하지만 오히려 이것은 목표를 향하는 과정에서 첫 번째 신호가 될 수도 있어요.

상담하면서 만나게 되는 특별한 내담자분들 중에서는 사업가인 분들도 있었어요. 그분들에게 가끔 사업을 해나가면서 있었던 일들을 듣는데 공통으로 들었던 이야기가 있어요.

그건 일이 꼬이는 건 사업을 하지 않아도 누구나 어쩔 수 없이 계속 겪게 되는데 그때 잘 해내면 그 해결한 것 때문에 일이 잘되는 경우가 많다는 이야기를 공통으로 들었어요.

다들 나름의 사연을 가지고는 있지만 힘든 시기에도 사업을 제대로 해낸 분들의 말이라 그런지 저에게는 매우 각별하게 와 닿았어요.

그렇기에 만일 당신의 삶에서 지금 이런저런 일들이 꼬이고 있다면 속상한 마음이 충분히 있을 수는 있겠지만 그 일들을 제대로 해결한다면 더 좋은 결과로 이어질 수 있음을 생각하고 희망을 품어보면 어떨까 싶어요.

많은 성공한 사람들 혹은 성공하지 않았더라도 일상을 별 탈 없이 제대로 보내는 것 같아 보이는 사람들도 사실은 저마다의 고난과 역경이 있기 마련이고 다들 그것에 무너지지 않았다는 것이 공통점일 거예요.

그러니 분명 목표를 향해나가는 당신에게도 일이 꼬이는 지금은 어쩌면 그동안 부지런하게 무엇이든 해왔기에 생긴 일이 아닐까 하는 생각을 가져보는 것도 좋을듯해요. 아무것도 안 하면 아무 일도 생기지 않겠지만 뭐든 이것저것 해왔다면 어떤 일이든 생길 수도 있는 것은 당연할 테니 말이죠.

물론 이러한 말들은 그저 원론적인 이야기라 와닿지 않을지도 몰라요. 하지만 목표를 향해가는 과정에서 절망보다는 희망을 더 찾으면 좋지 않을까요? 그저 꼬이는 일에 나의 운과 나의 삶을 탓하기보다는 말이죠.

그러니 한번 생각해보면 좋겠어요. 마냥 운이 나쁘다고만 생각하며 세상과 타인을 탓할 것인지, 아니면 목표로 향하는 첫 번째 기회라고 생각해볼 것인지. 저는 당신을 믿어요.

그냥 순탄하게만 가면 좋겠지만
삶은 그렇게만 흘러가지는 않죠
그러니 바로잡고 희망을 내다보기로 해요

🌙 목표가 달라져도 괜찮을까?

남에게 휘둘린 것이 아니라면 얼마든 달려져도 괜찮아요.

직업 상담을 하다 보면 목표 설정 단계에서 이리저리 목표가 달라지는 경우를 보게 되어요. 그것이 자신이 정말 방황하느라 그런 거면 괜찮지만, 타인의 의지 때문인 경우라면 그건 심각한 문제로 이어질 거라는 것이에요.

분명 누구나 바른 목표를 가지고 싶어 할 겁니다. 빨리 성취하고 싶어 하기도 하겠죠. 하지만 때로는 그저 남들에게 있어 보이는 목표만을 추구하게 되는 일도 있어요. 그런 경우에는 그 목표들을 다 내려놓고 처음부터 다시 생각해볼 필요가 있어요.

목표를 달성하는 것에는 여러 가지 조건이 필요하죠. 그중에 가장 기본은 열정과 노력일 거예요 너무나도 뻔한 소리라 짜증이 나겠지만 어쩔 수 없는 부분이에요. 중요한 건 이 뻔한 것을 하려면 정말 노력을 위한 노력이 필요한 게 아니에요. 자발적으로 노력할만한가 이죠.

하기 싫고 어려운 것을 노력이라는 이름 아래 노력하고 열정도 없는데 억지 열정을 가지는 건 사실 불가능에 가까워요, 그냥 해야 할 거 같으니까 꾸역꾸역해서는 오래가기 힘든 경우가 대부분이죠.

하지만 내가 정말 할만하고 내가 나서서 찾아서 할 정도의 재미를 느낀다면 그때야 비로소 제대로 된 목표를 찾았다고 할 수 있을지도 몰라요. 우리는 그런 것을 찾아야 해요.

그러므로 한 번에 그런 목표를 찾을 수 없다면 충분히 방황할 수는 있지만 그냥 그저 남들이 바라봤을 때 괜찮다고 하니까 그 인정을 받고 싶어서 고르는 것이라면 정말 심각하게 고려를 해볼 필요가 있을듯해요.

무엇을 위해서 앞서 내가 설정했던 목표를 바꾸는 것인지 그리고 그 목표는 정말 내가 할만하고 원하는 것인지 이러한 것들은 몇 번을 말해도 부족하지 않아요.

이러한 생각에 확신이 들었다면 얼마든지 뛰어들어봐도 괜찮다고 이야기하고 싶어요. 흔히 환경 나이 등을 핑계로 늦었다는 이야기를 많이 하지만 우린 알고 있잖아요. 결국에는 정말 내가 해보고 싶었던 걸 어떤 형태로든 시도해보려고 한다는 걸.

그러니 주저하지 말고 도전해보고 싶은 목표가 있다면 리스트를 작성해서 하나하나 푹 빠져서 몰입해보길 바라요. 오롯이 당신의 의지만으로 끌고 나갈 수 있다면 후회는 없을 거예요.

삶의 목표는 여러 이유로 바뀌는 게 당연해요

하지만 그 이유 중 하나가

내가 아닌 남 때문은 아니길 바라요

아직 뚜렷한 목표가 없어서 방황하는 건
어쩌면 당연한 일일지 몰라
우리는 뚜렷한 목표를 찾기 위해 사는 걸지 모르니까

대단한 사람을 바라보며 동경하는 건 괜찮아
하지만 나는 그렇게 할 수 없어라고
대단한 사람만 추켜세워주진 않기를 바라

너는 잘 모르겠지만 생각보다 너는
다양한 가능성을 가지고 있어
그러니 머릿속에 있는 것을 꺼내서 실천해 봐

너는 분명 잘 해낼 거야
잘 될지 어떨지 몰라도 잘 안되는 상황에서도
너는 잘 해낼 거야. 난 그렇게 믿어

살다 보면 너를 좌절하게 하는 일은 많을 거야
그럴 때면 절망하지 말고 주변을 둘러보길 바라
그때 가장 소중한 걸 찾을 수 있을 테니까

네가 정말 하고 싶은 것을 찾아
그리고 그 일에 모든 시간을 투자해
그러면 뭐든 만들어 낼 수 있을 거야

🌙 초라해 보이는 일

초라할진 몰라도 의미 없지는 않아요.

세상에는 참 많은 일이 있죠. 그 일 중에서는 정말 멋지게 보이는 일도 있을 것이고 정말 말하기 부끄럽다고 느낄 정도로 초라하게 느껴지는 일도 있죠.

모두가 멋진 일을 하면 좋겠지만 그럴 수는 없기에 때로는 스스로가 초라하다고 느끼는 일들을 하게 될 수는 있어요. 그렇게 생각하는 것이 잘못은 아니에요. 직업에 귀천은 없다고 생각하지만 느낌은 그렇지 않은 게 현실이기도 하잖아요.

하지만 그렇다고 해서 정말 그런 식으로 급을 나누고 좌절할 필요는 없어요. 누군가에게 보이기 쉽지 않을 정도로 초라해 보이는 일이라고 할지라도 의미가 없는 것은 아니거든요.

분명한 건 처음부터 번듯하고 멋져 보이는 일하기는 쉽지 않다는 거예요. 다들 있어 보이는 직업을 가지기 위해서 노력하지만, 그것을 성공하는 사람은 소수에 불과하고 나머지는 그냥저냥 우리가 둘러보면 볼 수 있는 평범한 직장에 속하게 되죠.

그조차도 들어가지 못했다고 느꼈을 때 우리는 초라함을 느끼고 자신을 깎아내리기 시작해요. 그래서 한없이 가치가 없어진다고 느끼죠. 하지만 정말 가치가 없어지는 건 어쩌면 스스로 깎아내리는 태도에서 발생한다고 생각해요.

지금의 내 삶이 한심하게 느껴지고 불안정함에 때로는 막막하고 두려운 면도 있겠지만 너무 그렇게 생각하진 않기를 바라요. 지금 하는 일이 당신의 생각에는 당신이 꿈꿔왔던 일은 아닐지 몰라요.

하지만 언젠가는 당신이 꿈꾸는 곳에 도달하기 위해서 지금의 그런 초라해 보이는 일은 당신이 아직 포기하지 않았다는 증거가 되는 일일지도 몰라요. 정말 한심하고 포기한 삶이라면 아마 그렇게 노력하지 않았겠죠.

그러니 지금 막막하고 앞날에 대해서 전망을 좋게 보기 힘들더라도 언젠가는 이 모든 것들이 의미가 있을 것이라는 것을 믿고 나아가보면 좋겠어요.

적어도 지금 이 글을 읽을 정도로 스스로에 대해 노력했다면 당신은 정말 열심히 잘하고 있는 것이니 말이에요.

당신은 열심히 잘하고 있어요
그러니 지금 조금 초라하더라도
그걸로 당신을 한정 짓지 말길 바라요

🌙 내가 가장 좋아하는 것은?

좋아하는 것을 아직 못 찾았더라도 괜찮아요.

앞서서 저도 언급했지만 많은 사람이 좋아하는 것이나 잘하는 것 중에서 일을 고르라고 말하죠. 그런 말에 막막해져도 일단은 괜찮아요.

분명 "무엇을 잘해?" 혹은 "무엇을 좋아해?"라고 물으면 막막해지기 마련일 거예요. 당장 취미를 물어도 쉽게 답하지 못하는 것도 같은 맥락일 거예요. 이러한 이유는 어쩌면 당신이 하고 있는 건 많은데 그것을 저평가하고 있거나 혹은 남들이 봤을 때 부정적이게 볼까 봐 그럴 수 있어요.

어떤 걸 잘한다고 생각해도 마치 남들도 다 그 정도는 할 수 있을 거 같고 내가 어떤 걸 좋아한다고 해도 뭔가 뭘 그런 걸 좋아하냐고 웃음거리만 될 거 같아서 쉽게 꺼내기가 힘들죠.

실제로 직업상담을 해도 남들에게는 위와 같은 이유로 말하지 못했지만, 막상 방향을 정하기 위해서 상담하면 꽤 많은 것이 나와서 내담자 자신도 놀라게 되는 경우가 있어요.

그러므로 우선은 남들의 시선을 걷어내고 사실은 생각 없는 것으로 보이는 나도 평소에 이런저런 생각을 담아둔 것이 있을 거라고 믿으며 하나둘 좋아하는 것을 꺼내서 생각해보는 시간을 가져보는 게 어떨까 싶어요.

좋은 생각은 내가 남들의 판에 박힌 시선에서 벗어날 때 나오게 되는 경우가 많거든요. 그러니 무엇보다 남들이 어떻게 생각할까는 걷어내고 내가 정말 잘한다고 생각하는 것에 집중해보는 걸 우선시 해보세요.

그리고 그다음에는 그것을 실제로 목표로 삼았을 때 필요한 능력이나 자원을 고려해보세요. 만일 어느 정도 할 만한 것 같다고 생각한다면 작게나마 경험해볼 수 있는 것을 찾아보는 게 좋아요.

내가 좋아하는 것과 연관된 일을 하기 위해서 배워야 할 것이 있다면 배우는 것에서 시작하고 그냥 간단하게라도 일해볼 수 있는 곳이 있다면 무작정 일로 뛰어들어서 해보는 것도 괜찮아요.

만일 당신이 삶의 목표가 뚜렷하지 않아서 그동안 그냥 방황하기만 했다면 그리고 좋아하는 것을 아직 찾지 못했다면 이렇게 찾아가면 되니까 걱정하지 말고 오늘부터 이렇게 해서 좋아하는 것을 찾아보기로 해요.

지금 당장 좋아하는 게 없을 수는 있어요
하지만 좋아하는 것을 찾는 것을 멈추지는 말아요
멈추지 않는다면 머지않아 찾게 될 거예요

🌙 내가 가장 잘하는 것은?

잘하는 것이 사소해 보여도 무시하지 말아요.

앞서서 다룬 내가 좋아하는 것만큼이나 목표를 정할 때 중요한 또 한 가지는 내가 잘하는 것이 있겠죠. 그런 측면에서 내가 잘하는 것이 무엇인지는 꼭 알아둬야 해요.

다만 좋아하는 것과 달리 잘하는 것은 어느 정도 명확한 기준이 있어서 처음 생각할 때 많이 움츠러들 수는 있어요. 앞서 좋아하는 것에 대해 이야기를 하면서도 언급했지만, 남들도 그 정도는 할 것 같다는 생각이 특히 발목을 잡죠.

하지만 제가 생각했을 때는 잘한다는 건 남들도 이만큼 할 수 있냐 아니냐가 중요한 건 아니라고 생각해요. 분명 남들보다 어느 정도 특출나게 잘해야 하는 일종의 재능이 필요할지 모르지만 잘한다는 건 단지 그것만을 말하는 건 아니라고 생각하거든요.

객관적으로 봤을 때 얼마만큼 잘하느냐도 중요하지만 만일 내가 지금 할 수 있는 것 중에서 그나마 잘하는 거라면 그 잘하는 것의 관점에서도 바라보는 것도 필요해요. 정말 특출나게 잘하는 게 아니더라도 내가 할 수 있는 것 중에서는 잘하는 것, 그런 개념으로 생각해보는 거죠.

우리는 자라오면서 어떤 분야에서든 특출나기를 항상 요구받는 경향이 있어요. 그래서 어떤 형태로든 점수를 내고 그 점수에 따라서 줄 세우기를 선호해왔죠. 하지만 결국 사회에 나가보면 상위권만 살아남은 것이 아니라는 것도 볼 수 있죠.

그들이 비록 점수로 매기는 순위에서는 밀려났을지 몰라도 저마다의 위치에서는 나름 잘 해내고 있는 것을 본다면 어쩌면 우리는 꼭 특별하게 유능하지 않아도 괜찮을지 몰라요. 단지 내가 잘하는 게 뭔지만 명확하게 알고 있으면 되는 게 아닐까 싶어요.

그렇게 생각할 수 있다면 당신이 그동안 조금은 자신도 무시했던 잘하는 것들을 하나둘 찾을 수 있을지도 몰라요. 그러면 그것을 토대로 방향을 정해보면 어떨까 싶어요.

내가 할 수 있겠냐는 생각보다 나는 일단 그나마 이걸 잘하니까 이 길을 가겠다는 생각으로 이어갈 수 있다면 금방 그 부분에서 적응하는 자신을 찾을 수 있고 목표를 이루는 게 그동안 내가 해온 어떤 것보다 쉬울지도 몰라요.

그러니 만약 어떤 일을 찾고 있다면 혹은 하고 있다면 내가 잘하는 것이 무엇인지 한번 탐구해보는 시간을 가지는 건 어떨까요? 그렇게 할 수 있다면 분명 여러 가지로 도움이 될 테니 말이죠.

할만하다고 느끼면 충분히 잘하는 거예요

그러니 타인과 비교하지 말고

자기 자신 안에서 비교해보세요. 그럼 분명해질 거예요

🌙 양자택일

제대로 선택한 것이 맞는지 너무 걱정하지 말아요.

살면서 양자택일을 해야 하는 순간이 많이 일어나죠. 그런 순간에서 우리는 항상 제대로 선택한 것이 맞기를 바라지만 그만큼 후회하는 순간도 많죠.

하지만 언제나 제대로 선택하는 건 불가능하다는 건 아마 잘 알 거예요. 그렇기에 우리는 선택했다는 것에 집중할 필요가 있어요.

상담하면서 항상 느끼는 것은 어떻게 하면 제대로 된 선택을 할 수 있는가보다 일단 선택을 늦지 않게 하는 것이 더 중요하다는 것을 항상 느껴요. 분명 시기가 지나면 그나마 고민하던 선택지조차도 사라지는 경우가 많기 때문이죠.

그래서일까요? 선택하지 않는다는 것은 선택을 잘못한 것보다 더 안 좋은 결과를 만드는 것 같다고 생각해요. 무언가를 선택하면 선택하지 않은 쪽 하나만 아쉬워하게 되지만 막상 선택하지 못해서 둘 중 아무것도 선택하지 못하면 그 두 가지 상황 전체를 아쉬워하며 후회하게 되니 말이죠.

따라서 만일 당신이 어떤 선택을 두고 여전히 고민 중이라면 일단 무엇이 되었든 너무 오래 고민하지 말고 선택을 하기를 권하고 싶어요. 선택이 잘못되었더라도 바로잡는 건 생각보다 어렵지 않아요. 하지만 선택 자체가 사라지면 다시 선택할 수 있도록 기회를 만드는 것은 너무 어려운 일이거든요.

그리고 만약 선택한다면 너무 많은 의견을 듣고 판단하려고 하지 않았으면 좋겠어요. 왜냐하면 어떤 의견을 들어도 그럴싸할 것이고 그 의견을 묻고 신중하겠다는 자체로 선택을 한없이 유예할 수 있기 때문이죠.

분명 과거의 잘못된 선택이 지금의 당신을 소심하게 만들 수는 있어요. 잘못 선택한 것이 당신을 상처입혔다면 더 그럴 수는 있죠. 하지만 그것을 극복하는 것은 주변의 말이나 그 어떤 좋은 글이 아닌 당신 자신 안에 이미 있음을 알아야 해요.

잘못 선택했고 상처받았지만 어떻게든 그 상황을 견디거나 이겨내었기에 지금 또다시 선택하는 순간을 맞이하게 되었음을 기억해요. 그만큼 당신은 강하다는 것을 믿어야 해요.

그렇게 당신이 고민의 갈림길에서 늦어지지 않기를 바라봅니다.

잘못 선택했을까 봐 너무 걱정하지 말아요
언제든 다시 바로 잡을 수 있고 언제든 이겨낼 수 있어요
분명 당신에게는 그럴 힘이 있을 거라 믿어보아요

🌙 상황과 목표

상황이 좋지 않음이 기회를 영원히 박탈하진 않아요.

언젠가 목표에 관해서 이야기하다 지금의 자신의 상황이 좋지 않은데 과연 그런 목표를 세우는 것이 좋겠냐는 질문을 받은 경험이 있어요.

물론 목표를 세울 때 지금의 나의 현실적인 상황을 고려해서 그것에 맞춰서 세우면 좋겠죠. 하지만 때로는 내가 목표로 하는 것이 지금의 내 상황과 대입해서 고려해보면 정말 꿈처럼 느껴지는 일도 있기 마련이죠.

이런 상황에서 내가 그런 목표를 정하고 그것을 위해서 매달리는 것은 잘못이 아니겠냐는 생각을 하기 쉽지만 그렇게 생각할 필요는 없다고 말해주고 싶어요.

물론 지금의 현실이 좋지 않다면 목표를 이루기 위해서 당장 지금의 현실을 어느 정도 보완할 요소를 마련하는 것은 필요할 거예요. 아마 그러다 보면 꿈을 이루기 위해서 준비하는 부분들이 분명 남들보다 더 힘들어질 것도 사실이고요.

분명 이 즈음이 되면 그것을 양립하기 힘들어서 그만두는 사람도 많을 거예요. 하지만 결국 목표를 달성하는 사람은 내가 지금 할 수 있는 선에서라도 끝까지 놓지 않고 그것을 꾸준히 시도 해나가는 사람이죠.

그렇기에 지금 당장 힘들어도 당신이 목표를 계속 생각하고 있다면 지금의 상황이 기회를 영구적으로 박탈하진 않을 거라고 말해줄 수 있을 것 같아요.

이러한 경우에는 사실 무엇이 옳고 그르냐는 없어요. 현실을 더 챙기기 위해 목표를 수정하는 것도 하나의 방법일 수는 있죠. 하지만 앞서서 언급해온 것처럼 내가 좋아하는 것과 잘하는 방향이 아무리 생각해도, 지금은 이루기 힘들어도 꼭 이 길이여야 한다고 생각한다면 한번 미친 듯 도전해보는 것도 나쁜 건 아니라고 생각해요.

그러므로 상황에 너무 휘둘리지 말고 목표를 지켜나가려는 생각을 구체적으로 좀 더 해보면 어떨까 싶어요. 목표를 이루기 위해서 현실적인 문제를 해결하는 것도 목표를 이루는 하나의 과정으로 생각해보는 것도 좋은 방법일지 몰라요.

분명한 것은 당신이 어떤 선택을 하든 당신의 잘못으로 인해서 상황이 안 좋게 된 것은 아니라는 것을 기억해야 해요. 그렇게 자신의 편이 될 수 있다면 좋지 않은 상황 속에서도 언젠가는 좋은 상황을 만들어줄 당신의 목표를 찾아 나갈 수 있을 거예요.

지금의 상황이 당신의 영원한 상황은 아니기에
꿈을 쉽게 포기하진 않았으면 좋겠어요
언젠가는 분명 빛나는 때가 올 거예요

🌙 성취

성취했다면 그 부분은 충분히 인정해주세요.

우리는 살면서 많은 성취를 하게 되죠. 하지만 대부분의 성취는 제대로 자신에게 인정받지 못하는 경우가 많죠. 그렇기에 어쩌면 우리는 그런 인정을 받지 못하는 것을 인정해주는 습관을 지녀볼 필요가 있어요.

흔히 "뭐 대단한 거라고", "별거 아니야"라는 말로 겸손하며 자신이 이룬 것에 대해서 마음 편히 인정하고 축하하지 않고 넘어가죠. 물론 작은 성취를 일일이 다 축하하는 것도 말은 안될 거예요.

하지만 왜 작은 성취에도 인정이 필요하냐 하면 계속된 더 나은 성취를 만들기 위해 자신을 억지로 애쓰도록 몰아가지 않게 함이 가장 큰 목적이에요.

앞서 언급한 것처럼 우리는 인정과 축하보다 별거 아니라며 겸손하는 것에 더 익숙해 있어요. 하지만 우리는 누구보다 인정이 필요함을 느낄 때가 많죠. 그리고 그것은 엄청나게 큰 성취에서 나온다고 생각해서 그럴듯해 보이는 성취를 얻고자 자신을 몰아가게 되죠.

물론 성장이 계속해서 발생한다면 그런 것은 대수롭지 않게 느껴질 수 있어요. 노력하는 만큼 성장하고 그것을 이뤄낸다면 내가 만들어간 발전에 뿌듯함을 느끼느라 자신에게도 한계가 찾아올 수 있음을 느끼기 쉽지 않을 수 있죠, 하지만 그것이 틀어지는 순간은 어느 순간 성장이 멈췄을 때임을 기억해야 해요.

일에서 번아웃이 오거나 자신이 해오던 성장이 멈춰서 남과 비교되기 시작한 사람들을 상담하다 보면 공통으로 자신이 무엇을 이루었는지에 대한 대단함보다 이뤄야 하는데 못 이룬 것에 대해 자책하는 것에 감정 소모가 더 크다는 공통점을 발견하곤 해요.

그리고는 그동안 자신을 지탱해왔던 성장을 통한 성취가 없어지자 급격히 자존감이 낮아짐을 발견하곤 하죠. 이런 것을 보았을 때 우리는 어쩔 수 없이 인정이 있어야 한다는 것을 인정해야만 해요.

그렇기에 만일 당신이 그동안 자신이 이룬 것에 대한 성취에 대해 인정하고 축하하는 것이 부족했다고 생각한다면 지금부터라도 인정해주고 자신을 자랑스럽게 여기도록 하는 것을 시작해보면 어떨까 싶어요.

남이 항상 나의 편에서 나를 응원해줄 수 없기에 나라도 그렇게 해줄 수 있다면 참 좋지 않을까요? 다른 누군가의 인정도 좋지만 우선 나라도 나를 인정할 수 있게 그래서 어떤 날에도 흔들리지 않게 하면 좋을 것 같아요.

남들이 내게 보내는 인정과 응원도 좋지만
무엇보다 좋은 것은
내가 나에게 보내는 인정과 응원일지 몰라요

남들은 왜 그렇게까지 하느냐고 말할지 모른다
그 말에 너무 휘둘리지 말자
내 선택이 옳았다고만 믿자

환경이 나의 발목을 붙잡을 수는 있다
그래서 서러울 수는 있다 하지만 괜찮다
왜냐하면 나는 잘 될 거니까

조금은 나약해도 괜찮다
나약하지 않으면 강해지는 방법을
충분히 연습하기 힘들기 때문이다

분명 나에게는 아직
봄이 오지 않았을지 모른다
하지만 영원히 오지 않을 거라는 건 아니다

노력해도 안 되는 것은 잘못이 아니다
단지 지금은 노력해도 안되는 것일 뿐이다
그러니 내려놓고 할만한 걸 찾아보자

지금의 마음의 크기가 크지 않아도 괜찮다
크기가 작아 담긴 것이 쏟아질 것 같아도 괜찮다
살다 보면 자연스럽게 넉넉해져 있을 것이다

🌙 지나가 버린 것

과거를 생각해도 미래를 위해서 쓰면 괜찮아요.

그때 그렇게 할걸이라는. 생각에 지나가 버린 것을 계속 아쉬워하게 되는 경우가 있죠. 그것이 나쁜 건 아니에요. 지금을 계속 살아가다 보면 아쉬운 그때가 생각나기 마련이죠.

만일 그 생각에서 벗어날 수 없다면 정말 그때 그렇게 했더라면 어떠 했을지 그 결과와 내가 그 결과를 바탕으로 어떻게 해나갔을지를 더 깊이 있게 생각해보는 것이 좋아요.

사람들은 계속 과거에 좋았던 시절 혹은 후회되던 시절을 돌아보는 것을 안 좋게만 생각하죠 미래 지향적이어야 한다고 하지만 말처럼 쉽지 않은 게 후회되는 행동에 대한 미련이죠.

그러므로 어차피 미련을 가질 거라면, 그 후회되었던 시점에 있었던 일이 또 돌아왔을 때 후회하지 않도록 머릿속으로 그때 그 선택을 했더라면 이라는 부분을 강하게 떠올리고 구체적으로 생각해볼 필요가 있어요.

살면서 우리는 대부분의 일에서 딱 한 번만 기회가 발생하지는 않죠. 정기적이든 혹은 우연이든 내가 후회하고 있는 과거의 그 일은 어떤 형태로든 다시 내게 기회로서 찾아올 가능성이 커요.

 따라서 마냥 과거를 생각하며 미련 가지는 것이 나쁜 것만은 아닐지 몰라요. 오히려 정말 기회를 잡을 수 있는 훈련으로 만들 수 있을지도 모르죠. 때문에 지나가 버린 것에 후회가 된다면 그냥 슬픔이나 아쉬움에서 그치지 않는 연습을 해보면 어떨까 싶어요.

 그리고 생각하면서 그때 내가 그 선택을 하는 데 필요했던 것이 지금도 부족하다면 다음에 찾아올 기회를 위해서 준비를 해두는 거예요. 그 기회는 돌고 돌아서 반드시 찾아올 것이고 그 기회를 잡는 사람이 되겠다고 다짐하면서 말이죠.

 당신이 지나간 것에 매달리면서 산다고 남들은 안 좋게 보더라도 너무 주눅 들지 않아도 괜찮아요. 당신의 마음만 흔들리지 않는다면 당신은 앞으로도 잘 해낼 거니까요.

 그러니 지나가 버린 모든 것을 미래를 위해서 쓸 수 있도록 마음먹고 준비해보세요. 머릿속에 맴도는 생각들이 버겁다면 평소에 일기와 같은 글로도 남겨두세요. 언젠가 때가 왔을 때 당신에게 가장 힘이 될 자신이 될 테니 말이죠.

과거에 살 듯이 매번 후회하더라도
그때만이 유일한 기회는 아니에요
할 수 있다는 생각으로 작은 것부터 준비해보아요

🌙 배움과 방향

무작정 배우기보다 방향을 생각해보세요.

일단 뭐든 많이 배워두면 도움이 될 거라고 생각해서 자기 계발의 차원에서라도 뭐든 계속 끊임없이 배워야 할 것 같은 생각에 빠져있을 때가 있죠.

그래서 온라인 강의든 운동이든 뭐든 배울 수 있는 것은 등록하지만 얼마 가지 못해서 제대로 못 하고 돈만 잃은 것 같은 생각에 자책하며 괴로워 할 때가 있죠.

아마 이런 경험은 크고 작게 누구나 그런 경험이 있을 거예요. 만일 당신이 이런 경험을 반복하고 있다면 왜 배우는가에 대한 이유를 목표와 연관 지어서 다시 한번 생각해볼 필요가 있어요.

내가 설정한 목표에 필요한 혹은 해보면 좋을 배움을 내가 하고 있는 것인지. 아니면 그냥 막연하게 이걸 배워두면 여차할 때 도움이 될 것 같아서인지 말이죠.

적지 않은 사람들이 만약을 위해서 무언가 배운다는 개념으로 배움에 접근하는 경우가 있어요. 그 단계에서는 일단 재미도 있어 보이기 때문에 쉽게 접근하죠. 하지만 배운다는 것은 지금 당장 혹은 머지않은 미래에 정말로 쓸 것이 아니라면 금방 무용지물이 되어버리기 쉬워요.

사람은 집중할 수 있는 정도가 저마다 어느 정도 정해져 있어요. 무한대로 배울 수 있을지는 몰라도 그 모든 배움에 매번 강한 몰입을 할 수는 없죠.

따라서 우리가 정한 삶의 방향에 맞지 않게 남들이 하니까 따라 하거나 그냥 해보면 좋을 것 같다는 수준에서 접근하게 되면 그 몰입은 약할 수밖에 없어요.

무언가 제대로 성취하려면 할만해야 하고 충분한 시간을 가지고 몰입해야 성취가 가능한 경우가 많답니다. 따라서 앞선 다른 이야기들에서도 언급했듯 좋아하는 것과 잘하는 것에 근거해서 정말 내가 이 배움을 바로 이용할 것인지를 생각해볼 필요가 있어요.

만일 그것과 일치한다면 내 삶의 방향에 맞게 선택한 만큼 강하게 몰입해보면 좋을 거예요. 분명 방황하고 있는 당신도 알 거예요 "내가 지금 이거 건드리고 있을 때가 아닌데"라고 하면서 원래 진짜로 해야 할 것을 생각해 본 적이 있을 테니 말이죠.

그렇다면 지금 흥미에 손대어본 것보다 정말 손대어야 할 것에 좀 더 관심을 가지고 배움에 몰입해보는 것이 어떨까요? 그럼 조금이라도 덜 후회할 테니 말이죠.

분명한 방향은 잘 모르겠다고 생각해도
막연하게라도 알고 있을 거예요
그 방향을 따라가면 그것만으로도 충분해요

🌙 소중한 사람의 생각

소중한 사람이라도 나는 나일 뿐입니다.

목표를 정할 때 소중한 사람의 생각이 과하게 반영되는 경우가 있죠. 그럴 때 조심해야 할 것은 나는 원하지 않는데 단지 소중한 사람이 기뻐하기에 혹은 그 사람의 인정을 받고 싶어서 결정하는 것을 조심해야 해요.

삶의 목표를 정한다는 것은 참 쉽지 않은 일이죠. 앞서서 좋아하는 것과 잘하는 것을 이야기했지만 아마 당신에게도 새로운 개념은 아닐 거예요. 누구나 알고 있는 이야기라는 생각도 해봤을 것이고 단지 실천하기가 쉽지 않은 것일 뿐이죠.

그래서 어쩌면 더 타인의 선택이나 이야기를 토대로 내 삶에 반영하려고 하는 부분이 큰 것일지도 몰라요. 나랑 비슷한 타인이 이런 선택을 했다면 혹은 나를 잘 아는 것 같은 누군가가 해준 조언이 이렇다면 그게 마치 정답처럼 느껴질 수는 있죠.

하지만 아무리 가까운 사람이라도 나에 대해서 온전히 이해하기란 쉽지 않아요. 물론 다른 사람들보다 나를 이해하고 있는 정도는 더 강할지 모르죠. 하지만 정말 내가 원하는 것은 나만 알고 있을 가능성이 커요.

왜냐하면 내가 소중하다고 느끼는 사람이 본 나의 모습도 내가 그 사람들을 소중히 여기기에 어느 정도 좋게 보이려고 꾸며진 모습이 포함되어 있을지 모르기 때문이에요.

그렇기에 본질적인 면을 들여다보고 온전히 솔직해질 수 있는 건 결국 나 자신밖에 없다는 것을 알아야 해요. 그래서 인생의 목표를 정할 때 소중한 사람의 생각을 너무 반영하는 건 조심해야 하는 것이죠.

당신이 바라보는 소중한 사람들이 나름의 위치에서는 현명하고 예리한 사람일지 몰라요. 그래서 어느 정도 의견을 수용하는 것도 당연하게 느껴질 거예요. 하지만 당신이 의견을 받아들일 때는 당신이라는 토대 위에서 받아들여져야 해요.

내가 생각하는 확고한 방향성이라는 토대가 없이 그조차도 타인의 생각과 섞어서 결정하게 되면 어느 시점에서부터는 혼자 걸어가야 하는 길이 쉽지 않을 가능성이 커요.

그리고는 그 토대에 해당하는 부분부터 의심하게 되고 또 방황하게 될지 모르죠. 그러니 만일 내 소중한 사람의 생각이 내 마음의 소리와 다른데도 따르고 있다면 멈춰서서 잘 생각해보길 바라요. 온전한 당신의 선택도 나쁜 게 아닐 테니 말이죠.

소중한 사람의 선택을 따르는 것이
마음의 안정을 줄지는 몰라도
온전한 내 것이 아니라면 언젠가 불안은 찾아올 거예요

🌙 타이밍

언제나 알맞은 타이밍은 있다고 생각해보세요.

흔히 우리는 어떠한 일에서 적절한 타이밍을 중요하고는 하죠. 그 타이밍은 적게 찾아오며 그걸 놓치느냐 잡느냐가 엄청 중요한 문제로 생각하곤 하죠.

저도 상담소를 운영하면서 혹은 출간을 진행하면서 그런 타이밍이라는 것에 대해서 생각을 많이 하곤 했었어요. 분명 그것은 영향이 전혀 없다고 말할 수는 없을 것 같기는 하고 때로는 그 탓도 하긴 했지만 지금 와서 생각해보면 타이밍은 언제나 있는 것이 아닐까 싶었어요.

살면서 타이밍이 어긋난 순간은 많았지만, 그 어긋난 타이밍이 필요했던 일들이 그 타이밍을 놓쳤다고 바로 망하지도 않았거든요. 아마 다들 인생을 돌이켜보면 대부분의 일들이 타이밍이 한번 어긋났다고 다 망가지는 경험은 드물 거예요.

그것을 생각해보면 어쩌면 타이밍이라는 것은 내가 어떻게 준비하느냐에 따라서 결정되는 게 아닐까 하는 생각을 해보았어요. 만일 어떤 일을 접했을 때 마침 그 타이밍이더라도 그것을 올라탈 준비가 되어있지 않다면 올라탈 수 없겠죠. 하지만 준비되어있다면 언제든 올라탈 수 있을 거예요.

그런 맥락에서 우리는 평소에 열심히 준비하고 노력하라는 말을 하는 것일지도 몰라요. 하지만 그런 고루한 이야기를 제외하고서 이야기해 보자면 내가 지금 아무 노력을 하지 않고도 가지고 있는 것에 맞는 타이밍을 찾는 방법도 필요할지 모른다는 것이에요.

노력하고 준비해서 올라타는 타이밍은 어쩌면 정말 당연하게 성취할 수 있는 것일지 몰라요. 하지만 매사에 노력과 준비를 할 수 없으니 내가 가진 것을 좋은 흐름에 올라탈 수 있도록 타이밍을 찾는 법을 깨닫는다면 어쩌면 우리는 정말 타이밍에서 자유로워질지도 모르죠.

그러니 내가 평소에 자연스럽게 되는 것들을 바탕으로 그걸 어떻게 좋게 쓸 수 있을지 혹은 좋게 내보일 수 있을지 생각해보는 건 어떨까 싶어요. 나로서는 별거 아닌데 그냥 쉽게 할 수 있는데 하는 것들을 생각에서만 그치지 말고 밖으로 꺼내 보면 어떨까 싶어요.

의외로 대단한 것을 이미 가지고 있었을지 모르고 내가 세상에 내보인 시점이 타이밍이 되어서 나에게 더 좋은 타이밍들을 가져다줄지도 몰라요. 그러니 너무 세상이 말하는 좋은 때만 기다리지 말고 언제나 알맞은 타이밍이라 생각하고 하나하나 꺼내 보길 바라요.

노력하고 준비해서 내보이는 것이 당연한 만큼
이미 가지고 있는 것을 내보이는 것도 당연할지 모르죠
그렇게 나의 때를 찾아보도록 해요

🌙 내가 가진 것 때문에

단점을 많이 가졌다고 생각해도 괜찮아요.

내가 가진 조건이라는 것은 꽤 큰 비중을 지니게 되죠. 그래서 환경이나 혹은 개인의 능력에서 좋은 것을 많이 가지고 싶어 하고 가진 게 많으면 많을수록 어느 정도 편리하게 세상을 살아가게 되죠.

하지만 대부분은 그렇지 않기에 아무래도 장점보다 단점을 더 많이 집중하게 되고 그걸 보완하려 하거나 혹은 그걸 탓하는 것에 시간을 많이 쓰게 되죠.

안 좋은 환경에 대해서 한탄하는 건 당연히 그럴 수 있다고 생각해요. 사람들은 탓해서 뭐 하냐 하겠지만 때로는 살다 보면 그 탓이라도 안 하면 너무 답답해서 어쩔 수 없을 것 같다는 생각이 들 때가 있죠.

그런 감정들은 어떤 형태로든 밖으로 꺼내는 것이 좋아요. 억지로 참고 긍정적으로 생각한다는 이름으로 좋지 않은 걸 좋다고 해 봐야 결국 내게 마음의 병이나 혹은 뒤틀린 성격으로 돌아올 뿐일지 모르니까요.

하지만 그렇다고 해서 너무 또 그런 탓하는 것과 혐오에만 빠져있는 것도 좋지 않아요. 그렇게 탓하는 것이 일시적으로는 마음의 안정을 주고 편할지 몰라도. 그런 생각이 습관이 되고 일상의 태도가 되면 내가 가진 단점들이 정말 나의 삶을 더 힘들게 만드는 이유가 될 테니 말이죠.

내가 가진 단점들 때문에 힘들어할지 모르고 나만 그런 단점이 있을 거로 생각하게 될 수도 있어요. 하지만 그런 당신이 기억해야 할 것은 그 단점은 나에게만 있는 건 아니라는 거예요.

주위를 둘러봤을 때 남들은 다 안정적으로 살아가는 것 같고 어느 정도 뛰어난 능력을 바탕으로 잘 해내고 있는 것 같은데 나만 단점 때문에 뒤처진 것 같고 사랑을 못 받는 것 같다는 느낌이 들 때가 있죠.

하지만 당신이 바라보는 모습은 지극히 단편적인 모습일 뿐이라는 것을 기억해야 해요. 분명 당신이 바라보는 그 사람들의 다른 모습에서는 당신만큼이나 어떤 고민을 하고 그 고민을 극복하기 위해서 아등바등하는 모습이 있을 수 있다는 것이죠.

그런 것처럼 당신 또한 누군가에게는 부럽다 혹은 저 사람은 무언가는 제대로 하고 있다는 모습으로 비칠지 몰라요. 우리 모두 그렇게 살고 있을지도 모른다는 것이죠.

그러니 나의 단점만 들여다보며 흠잡기 전에 장점을 좀 더 바라봐주고 부각시켜주는 것은 어떨까요? 의외로 괜찮은 사람이었다는 걸 발견하게 될지도 모르잖아요.

단점이 많아도 괜찮아요

그것이 당신이 잘못되었거나 뒤처졌다는

증거는 아니니 너무 걱정하지 말아요

방해자

나를 방해하는 사람을 돕지 말아요.

꼭 살다 보면 한두 사람 즈음 내 삶을 방해하는 사람이 나타나곤 하죠. 그것이 그냥 단순히 나와 상관없던 사람이면 그냥 무시하고 넘어가겠지만 가까운 사람이 나를 방해하면 그러기가 쉽지 않죠.

그리고 그런 가까운 사람들이 나를 방해하는 부분들이 나의 마음을 흔들어놓는 부분이라면 흔들리지 않을 재간이 없는데 그럴 때면 만사가 다 싫어져서 삶에서 능률이 급격하게 떨어져 버리곤 하죠.

당신이 그 정도로 상심하거나 흔들리는 건 당연한 일이라는 거에요. 결코 마음이 약해서 이 정도도 견디지 못하는 거다 라는 수준의 문제는 아니라는 거에요. 가까운 사람이면 가까운 사람일수록 더 흔들리는 것은 당연해요.

하지만 그렇게 흔들리는 것이 길어져서는 안 된다는 건 당신도 알 거예요. 매시간 그 가까운 사람이 방해자로 돌변해서 나를 흔든 일에 영향을 받다 보면 결국에는 더 그 사람에게 명분을 내어주는 일만 되고 말 테니 말이죠.

사람은 누구나 감정적인 부분이 있고 그것이 건드려졌을 때는 쉽게 이겨내기는 힘든 것이 당연해요. 그러므로 당신에게 그냥 쉽게 이겨내라 혹은 가볍게 털어내고 잊어버리라고 말하고 싶지는 않아요.

충분히 힘들어하고 눈물이 나온다면 울어도 괜찮아요. 딱 그렇게만 한때 충분히 힘들어하고 나면 더 이상의 명분은 내주지 않겠다는 각오로 당신의 일상에 어느 때보다 더 몰입해서 집중해보길 바란다고 말하고 싶어요.

쉽게 잊힐 감정은 아니지만, 당신이 감정을 혼자서라도 꺼내놓고 나면 조금은 괜찮아 질 거에요 그리고 담담하게 일상을 살아가기 위해서 집중하다 보면 어느새 그 흔들렸던 감정은 멀어져 있을 것이고 당신은 당신을 방해하는 사람을 이겨낼 수 있을 거예요.

대부분 방해자를 이겨내지 못하는 것은 감정에 휘둘리고 그걸 예상한 방해자에게 더 나에게 끼어들 명분을 내어주기 때문인 경우가 많아요. 물론 그 사람이 나에게 엄청난 악의를 가지고 일부러 나를 망가뜨리기 위해서 그러진 않았을 거예요.

하지만 힘든 건 힘든 거고 싫은 건 싫은 거잖아요? 그러니 그런 사람을 돕지 않도록 마음을 먹어보아요. 나를 방해하는 사람 때문에 내가 더 큰 손해를 볼 필요는 없으니 말이에요.

소중한 사람도 나를 상처를 줄 때가 있어요
그런 순간에는 충분히 힘든 감정을 꺼내놓으세요
그러고는 담담하게 일상으로 돌아가세요

무언가 얻으려고 조급하게 생각하지 말자
  조급하게 하려 할수록
  그런 나를 이용하려 하는 사람이 나타날 테니

아무리 가까운 사람이라도 곁을 내어줄 땐 조심하자
그 사람도 사람이라 실수할 수 있고
그 실수에 내가 상처받을 수도 있으니

누군가와의 때가 아니어서 엇갈리는 인연이 있듯
무언가와의 때가 아니어서 얻지 못할 수 있다
하지만 그것들은 다시 돌아올 것이다

무언가를 이뤄 내는 순간은 누가 가리려고 해도
분명하게 알아보게 될 것이다
그러니 너무 마음 졸이며 기다리지 말자

누가 나에게 그건 못 해낼 거야라고 말한다고
그것에 의기소침하지 말자 정말 못 해내더라도
시도해 봤던 모든 것이 결국에는 성공의 열쇠가 될 테니

나는 운이 있는 사람이라 생각한다
그렇지 않으면 지금까지 일어난 모든 불행을
견뎌내고 이 순간에 닿지 못했을 테니 말이다

이번이 정말 마지막일까?

마지막이어도 괜찮다고 느끼면 마지막이 안될 거예요.

어떤 기회가 내게 찾아왔지만, 그것을 제대로 성취하지 못했다고 느낄 때 우리는 그 어느 때보다 조바심을 하게 되죠. 그리고는 "이번이 마지막 기회였는데"라며 끝나기 전부터 자책하게 되는 일이 있죠.

어떤 것이든 그 기회가 마지막이 되는 경우가 있죠. 그래서 더 절박하고 그래서 제대로 하지 못했을 때 찾아오는 절망감은 더 클 수밖에 없어요.

앞서서 언급했던 기회는 다시 돌아온다는 부분을 생각하고 위로하더라도 지금, 이 순간 이와 똑같은 기회는 아니라고 느끼기에 크게 위로가 되지 못하는 것도 사실이죠.

당신이 그런 감정에 빠져있다면 너무 늦어버려서 마지막인 것 같은 기회를 정말 어떻게든 제대로 성취할 수 없다면 그 마지막을 놓쳐도 괜찮을 거라는 것을 지금부터 생각해봤으면 좋겠어요.

알아요. 물론 말처럼 쉽지 않죠. 계속 생각날 거예요 하지만 얻지 못한 것을 계속 생각하면 당신은 정말 도전했던 그 일을 잃어버리게 될 수도 있어요. 너무나도 간절했지만 얻지 못했던 일에 대한 상심이 당신을 무너뜨려서 더는 다시 시도한다는 것을 엄두조차 내지 못하게 할 수 있어요.

그렇기에 이미 늦어버렸다면 늦어버린 대로 놓아주는 것이 필요해요. 기회가 다시 오고 아니고를 떠나서 당신이 좋아서 도전했던 그 모든 것을 잃지 말길 바라기 때문이에요.

삶에서는 그런 상실감이 몇 번은 발생할 거예요 그런 상실감에서 우리는 얼마든지 나약해질 수 있어요. 그건 괜찮아요. 성취하지 못했어도 혹은 성취했지만 제대로 만족스럽지 못해도 괜찮아요. 다만 상실감이 우리가 원했던 것을 다시는 못 하게 만들지만 않게만 하면 되는 거예요.

우리는 돌고 돌아서 시간이 지나면 다시금 또다시 이 기회 앞에 설 거예요 물론 지금 이 순간이 아니고 지금과 완전히 똑같은 기회는 아닐지 모르죠. 하지만 세상은 당신에게서 영원히 기회를 박탈하진 않을 거란 것이에요.

그러니 그 기회를 통해서 보란 듯이 과거에 상심했던 나와 나를 상심하게 했던 모든 것에 보여주면 되는 거예요. 지금이 아니면 늦은 때라는 건 없어요.

분명 조금 더 힘들겠지만, 당신이 완전히 놓아버리지만 않는다면 다 제자리를 찾고 괜찮을 거예요. 지금의 아픔이 언제 그랬냐는 듯 잊힐 거예요. 그러니 이번이 마지막일지라도 마지막이라도 괜찮다고 생각해보기로 해요.

다음 막이 오르려면 지금의 막이 내려야 하죠

지금이 형편없었더라도

새로운 막에서는 화려하게 해낼 거라 믿어요

🌙 힘들다는 느낌이 들 때면

너무 힘들다면 포기해도 괜찮아요.
  내가 설정한 목표가 내게 너무 버거울 때가 있죠. 분명 쉽지 않은 길이 될 거라고 예상은 했지만, 현실적으로도 혹은 심적으로도 너무 버거워서 놓고 싶을 때가 있을 거예요.

  그럴 때는 너무 "내가 선택한 길"이라는 부분에 매달려서 자신을 더 혹사하게 될 수도 있어요. 이미 남들에게 당당하게 해낼 거라고 보인 모습 때문에라도 혹은 이것도 못 해내면 다른 일도 할 수 없을 거라는 생각에 놓지 못할 수도 있죠.

  그런 당신이 기억해야 할 것은 "결국 목표도 나를 위한 것"이라는 걸 기억해야 해요. 결국에는 내가 많은 역경을 딛고 해낸다면 좋겠지만 그렇지 않을 때는 무엇보다 중요한 것은 "나"라는걸 잊지 말고 과감하게 포기할 필요도 있어요.

  불가능은 없다고 생각하고 도전하는 모습도 멋있죠. 하지만 현실적으로 목표가 당신을 과도하게 짓누르고 있다면 어쩌면 그건 이미 당신이 할 만큼 한 것도 모자라서 무리하게 하고 있다는 신호일지도 몰라요.

  그렇기에 내가 나약해서 이러는 거라는 생각은 하지 않았으면 좋겠어요. 우리는 살면서 이런저런 이유로 포기를 안 좋은 것이라는 개념으로만 받아들이며 자라왔죠. 물론 일정부분 안 좋을 수는 있어요. 하지만 포기할 줄 아는 태도도 분명 필요해요.

연애 상담할 때 종종 포기해야 하는 개념에 관해서 설명하면 엄청난 저항을 마주할 때가 있어요. 아니야. 나를 더 사랑하게 만들면 그게 가능할 거야. 불가능한 것도 가능하게 만드는 게 사랑 아니야? 그저 마음이 부족해서 그렇지. 이런 종류의 저항이죠.

그런 것처럼 마치 어떠한 특정 의지만 있으면 뭐든 다 가능해야 하는 게 당연한 것처럼 생각하고 포기란 없는 것처럼 생각하게 되는 것은 내 삶을 몇 배는 더 힘들게 만드는 길이 될 수도 있다는 걸 알아야 해요.

따라서 지금의 내가 더 이상 버티기 힘들다면 과감하게 정리하고 뒤돌아설 수도 있어야 해요 그리고 나서는 그렇게 포기하게 된 것을 남에게 설명하기 위해서 이런저런 변명할 필요도 없어요.

그저 많이 힘들었기에 관두었고 새로운 목표를 도전 할 거라는 결심만 보여준다면 당신의 가까운 사람들은 언제든 당신을 응원할 거예요. 그러니 너무 힘들다면 억지로 붙잡고 있지 않기로 해요.

무언가에 미치는 것은 좋아요
그게 나를 엄청 힘들게 하는데도 미칠 필요는 없잖아요
그러니 할만한 목표를 다시 찾아서 그것에 미쳐보세요

🌙 확신을 가지고 싶어서

당신이라는 것만으로도 확신은 충분해요.

어떤 일을 시작하더라도 우리는 확신을 하고 싶어 하죠.

하지만 때로는 그 확신을 얻으려다가 우리는 시간도 신뢰도 잊게 되어 상처받는 일이 생기고는 하죠.

상담받으러 오는 많은 분 중에서는 "앞으로 괜찮을 만한 확실한 방법"을 듣기 위해 오는 분들도 있어요. 분명한 것은 저 역시도 완벽한 인간이 아니기에 그런 방법은 없다는 대답을 주로 들려드리죠.

하지만 그분들과의 상담에서 그런 답은 줄 수는 없어도 나아갈 방향은 함께 고민해서 끝내 찾는 결론에는 도달하는데 그렇게 될 수 있는 이유에는 자신의 마음의 소리에 귀 기울이도록 돕기 때문이라고 생각해요.

제 개인적인 생각일지는 몰라도 안정을 원하는 사람의 대부분은 사실 이미 무엇을 어떻게 하고 싶은지에 대한 방향성은 뚜렷하다고 생각해요. 그래서 원하는 것이 무엇인지도 정확히 알고 있죠.

단지 그것을 실천하기에 앞서서 빈틈없이 하고 싶기에 정말 어떤 일이 있어도 실패하지 않았으면 하기에 일종의 보험으로서 그런 확실하게 괜찮을 방법을 찾는 것으로 생각해요.

그것을 알 수 있다면 비로소 확신을 하고 실천할 수 있을 거라고 생각하는 것 같아 보였어요. 하지만 저는 그 사람이 많이 생각한 그 모든 것이 얼마나 대단한지를 일깨우는 것에서 이야기를 시작해요.

대부분은 실천 이후의 결과물을 걱정하지만 사실 결과물이 좋든 나쁘든 항상 어떤 형태로든 일은 안 풀리는 구석이 있기 마련이에요. 여기에서 그런데도 괜찮을 수 있는가 아니라는 사실 마법 같은 어떤 방법이 아니라 그렇게까지 생각하고 해온 자기 자신을 얼마나 이해하는가에 달려있죠.

자기 확신을 가질 수 있는 사람은 많지 않을 거예요 하지만 자기가 생각한 걸 걱정이 한가득하지만 준비하고 실천하려고 마음먹기까지 하는 사람은 생각보다 많을 거예요. 하지만 그조차도 지레짐작하고 포기하는 사람들이 많아요.

그런 걸 생각해본다면 이미 그렇게까지 해낸 자신이라면 실행 이후 완전히 괜찮을 거라는 확신은 필요가 없을지도 몰라요. 지금까지 잘 해낸 것처럼 앞으로 어떤 일이 생겨도 분명 잘 해낼 테니 말이죠.

남이 이야기해주는 것들은 결코 보증될 수는 없어요. 그러니 조금은 나를 더 믿고 확신을 너무 찾아다니느라 실행을 미루지 않았으면 좋겠어요.

생각과 걱정이 많을수록 그걸 보완하고 싶겠지만
그럴 수 있을지 없을지는 실천하고 나서야 알 수 있죠
그러니 자신을 믿고 뛰어들어봐요. 그래도 괜찮으니까

🌙 남들은 내가 왜 이럴 수밖에 없는지 모른다

나를 인정하는 순간이 와도 이해하지 못할 거예요.

원하는 목표를 설정하고 나아가는 것에 가장 큰 걸림돌은 아무래도 남들의 참견이죠. 왜 그렇게까지 하느냐 더 쉬운 길이 있지 않겠느냐 불안정한데 괜찮겠느냐부터 다양하게 내 마음을 흔들고는 하죠.

하지만 정말 어떤 일에 매료되어서 열정을 가져본 사람이라면 알 거예요. 나는 그 어떤 것보다 이게 좋고 자연스럽게 되는 일이라서 하는 것이라는 것을 말이죠.

흔히 모험이라고 말하지만, 무언가에 도전하는 사람들은 모험이라고 생각하지 않기도 해요. 그 사람에게는 그게 충분히 가능한 일처럼 느껴질 것이고 그 목표까지 도달하는 길이 힘들어도 하나의 즐거움으로 여기는 일이 많기 때문일 거예요.

저도 온라인에서 상담을 시작하면서 많은 우려 섞인 이야기를 들었어요. 실제로 그 우려대로 처음에는 거의 망한 수준으로 밖에 돈을 벌지 못했죠. 그래서 때로는 잘못 선택한 걸까 라는 고민도 많이 하곤 했어요.

하지만 한 명 두 명 저를 믿고 다시 찾아주시는 내담자분들이 쌓이고 그분들 중에서는 정말 고마울 정도로 저에게 진심으로 응원을 해주신

분들이 생기면서 점점 제가 정한 길에 대한 확신이 생겼죠.

하지만 지금까지 제 가까이 있는 사람 중에서는 아직도 제가 왜 이렇게까지 하는지 이해 못하는 사람이 더 많아요. 아마 엄청나게 성공하지 못했기 때문이 아닐까 싶지만, 그냥 겉으로 보여지는 부를 축적하게 되는 날이 오더라도 그들은 이해하지 못할 거라고 생각해요.

그걸 무시하는 건 아니에요. 아울러 당신의 주변에서 당신을 이해하지 못하는 사람을 어차피 영원히 이해 못할 거니까 무시하라는 말도 더더욱더 아니고요.

제가 이야기하고 싶은 것은 목표를 향해서 도전한다는 것은 누군가의 이해를 바라서가 아니라는 걸 말하고 싶은 거에요 설령 이해받지 못해도 내가 좋아서 몰입한다면 그것으로 충분하다는 거죠.

정말 내가 그런 목표로 인해서 어떤 업적을 달성하는 순간에도 남들은 왜 그렇게 되었는지 이해 못할 거예요. 그러므로 어쩌면 조금은 외로운 길이 될 수도 있죠 하지만 그래도 당신이 걸어가는 그 길은 가치가 있어요.

그리고 너무 이해받지 못해서 외로워하지 않아도 괜찮아요. 언젠가 당신의 주변에는 당신처럼 묵묵하게 실행한 동류의 사람들이 몰려서 외롭지 않을 테니 말이죠.

이해받고 싶은 마음은 당연해요
하지만 이해받기 힘든 사람들에게 매달리진 말아요
당신을 이해해줄 사람은 얼마든지 있으니까요

🌙 방황하는 당신에게

알아요, 세상 어디에도 내가 마음 편히
머물만한 곳은 없는 것 같고

무엇을 좀 이루었다고 생각해도
조금만 주위를 둘러봐도 난 아직 갈 길이
먼 것 같이 느껴질 거예요.

이렇게까지 열심히 했으면 이제는
봄날이 와줄 법도 한데
아직 여전히 시리고 시린 겨울 같기만 하겠죠.

그런데도 더 잘 해내기 위해 노력하는
당신임을 저는 잘 알고 있어요.

그런 당신이 조금이라도 마음의 위안을 가질 수 있게
저의 이런 이야기가 당신의 하루에 닿기를 바라요.

따뜻한 봄을 맞이하기 위해 오늘을 살아가 보아요.
내일이 무조건 행복하진 않을지라도
오늘보다는 더 웃는 그런 내일이 되길 바랄게요

part 3.
자기 자신 때문에 힘들어하는 당신에게

- 당신의 잘못이 아닌 이유 마지막 -

🌙 조금 더

'조금 더'라는 말을 너무 스스로 이입하지 마요.
조금 더 빨리, 조금 더 많이, 조금 더 열심히, 이런 말들로 억지로 무리하도록 부추기는 경우가 있지요. 하지만 그렇게 할 필요는 없어요.

누구나 더 나아지고 싶은 욕구는 있을 거예요. 그래서 더 나아지기 위해서 노력하기 위해 이런저런 시도를 하고 또 여러 가지 기준으로 내가 상위권에 도달하기를 누구나 바라는 건 어쩌면 당연할지도 몰라요.

하지만 그것에 도달하기 위해서 쉴 틈 없이 나를 몰아세우는 것은 성장하는 면보다 어느 시점에서부터는 내가 잘하고 있는 것 혹은 잘해왔던 것을 보지 못하게 만들어요. 그것은 결국 나를 무력하게 만드는 이유가 되죠.

앞만 바라보게 되면 내가 뛰어넘어야 할 벽과 그것을 이미 뛰어넘어서 가고 있는 것 같은 사람들만 보이게 되죠. 처음에는 원동력이었던 그 부분이 결국 어느 시점에서부터는 자책할 이유가 되어버리죠.

나는 왜 저 사람들처럼 못할까, 조금 더 열심히, 조금 더 빨리해내지 못할까 라며 말이죠. 하지만 당신은 자책하는 자기 자신의 모습보다 더 대단한 모습을 가진 사람이란 걸 알아야 해요. 그리고 그 모습은 앞이 아닌 뒤를 봤을 때 보이는 모습이라는 것도 알아야 해요.

처음 성장을 꿈꾸고 시작했던 시점의 당신에서 앞만 보며 열심히 달려가려 애쓰는 지금의 당신까지 그 사이의 당신을 돌아보면 순간마다 넘기 힘들 것 같아 보였던 벽을 넘어섰던 당신을 발견하게 될 거랍니다.

그건 결코 당연했던 일이 아니에요. 그 순간마다 억지로 스스로 부추겨서 이뤄낸 일도 아니에요. 그저 자신을 지켜가며 묵묵하게 해왔기에 지금 그 위치까지 도달할 수 있었던 거예요.

그러니 애써서 더 어떤 '건설적인 모습'으로 만들려고 애쓰지 마요. 그러지 않아도 당신은 지금까지 해왔던 것만으로도 충분하고 지금까지처럼만 꾸준히 할 수 있다면 당신은 언젠가 도달하고 싶은 목표 어디에라도 도달할 수 있을 거예요.

더 나아지고 싶기에 '조금 더'라는 말로 채찍질하지 않아도 해낼 수 있는 사람임을 믿어요. 조금 게을러진 날에 조금 그냥 생각 없이 시간을 보낸 날에 마치 큰 잘못이라도 한 것처럼 자책하지 말고 스스로 여유를 주세요.

지금까지 해왔던 것 자체로도 충분합니다. 그런 자신을 잃지 말고 믿어주세요.

'조금 더'라는 말로
자신을 채찍질하지 마요.
당신은 그럴 만큼 잘못 살지 않았어요.

시선

언제든 바뀔 수 있다는 것만 기억해보아요.

타인의 시선이 너무 신경 쓰여서 무슨 일이든 제대로 능력 발휘를 못 하는 경우가 있죠. 그래서 무엇을 하든 시작 전부터 남들에게 어떻게 보일까를 신경 쓰느라 피곤하기도 할 거예요.

그러다가 일이 제대로 되지 않으면 "원래는 이렇게 하지 않으려고 했는데"라며 혼자 되새기며 억울하기도 하죠. 이런 일은 꼭 남들의 시선을 많이 신경 쓰지 않더라도 누구나 한 번쯤 겪어봤을 법한 이야기라는 건 알 거예요.

분명 나도 시선을 신경 쓰고 싶지 않은데 어쩔 수 없이 계속해서 신경 쓰게 되는 내 모습이 바뀌지 않아서 실망스럽고 괴로운 거 잘 알고 있어요. 그런 당신에게 제가 해줄 이야기는 억지로 시선을 신경 쓰지 않도록 노력하라는 이야기가 아니에요.

신경 쓰인다면 신경 쓰이는 대로 지금까지처럼 행동해도 괜찮고 조금이라도 노력하고 싶다면 일단 가능한 만큼만 덜 신경 쓰도록 해도 충분해요. 다만 한가지는 꼭 기억하고 그 순간마다 생각해봤으면 좋겠어요.

그건 바로 사람들의 시선은 언제든 바뀔 수 있다는 거예요. 예를 들어서 지금의 내가 보잘것없어도 내가 조금이라도 대단해지면 사람들의 시선은 이내 바뀌게 되죠. 혹은 지금 내가 무언가 이뤄냈더라도 조금의 실수나 흠잡을 것이 생기면 또 부정적으로 시선이 바뀌곤 하죠.

그러므로 타인의 시선을 신경 쓰게 될 때마다 언제든 그 시선은 바뀔 수 있으니 너무 겁먹지 않는 연습은 꼭 해봤으면 좋겠어요. 시선이 너무 신경 쓰여서 모른척할 수는 없다면 시선을 있는 그대로 받아들이되 그것을 두려워하며 휘둘리지는 말라는 거죠.

누구나 타인의 시선을 신경 쓰면서 살아가요. 그렇기에 아예 원천적으로 시선을 신경을 안 쓰기란 정말 쉽지 않을 거예요. 그러니 신경을 안 쓰는 게 잘 안된다고 하더라도 너무 자책할 필요는 없어요. 당신이 부족해서가 아니니까요.

그렇게 생각한다면 당신도 알 거예요. 지금 내가 신경 쓰는 그 사람들이 사실 내 인생에 큰 비중을 차지하면서 오랜 시간 동안 나를 괴롭게 할 수 없다는 걸 말이에요. 어차피 영원히 함께 갈 사이가 아니라면 그것도 모자라서 이랬다저랬다 할 사람이라면 그리 겁먹을 필요가 없다는 걸 말이에요.

그러니 만일 당신이 남의 시선을 엄청 신경 쓰면서 살아왔다면 잘 생각해보세요. 시선에 겁먹느라 내 인생을 손해 보며 살지는 않았는지를 말이에요.

시선이 두려워서
시선에 맞춰서 '나'를 정하진 말아요
그건 온전한 내가 아니니까

☾ 이유

이유를 찾느라 많은 힘을 쓰지 말아요.

여러 가지 관계나 일에 있어서 합당한 이유가 있어야지 불안이 없어지는 성격인 사람들이 있죠. 그런 성격이라 때로는 자신도 주위도 피곤하게 만들 때가 있죠.

저도 그런 성격의 사람이라고 할 수 있는데 이런 성격 탓에 어쩌면 "상담사"라는 직업을 좀 더 잘 할 수 있는 게 아닐까 하는 생각을 할 때가 있어요. 직업상 타인의 고민을 듣고 함께 고민해야 하기에 이유를 궁금해하지 않으면 쉬지 않은 일일 테니 말이죠.

중요한 건 이게 지금 저처럼 어떤 직업적으로 유리하게 작용하는 것이 아니라면 그냥 일반적인 관계에서는 꽤 피곤한 흐름이 발생할 수도 있어요. 왜 그렇게 행동하는지 왜 그렇게 말하는지 등을 생각하게 되죠.

어떤 사람의 경우에는 일어나는 일마다 합당한 이유가 필요한 것처럼 왜 그렇게 되었는지 혹은 인간관계에서 우연히 일어난 일에서도 이유가 분명히 있을 거라면서 오랜 시간 생각하고 매달리느라 시간을 허비하는 예도 보았어요.

이유를 찾는다는 건 이처럼 양날의 검이 된다는 것을 우리는 알아야 해요. 어떤 때는 내게 매우 도움이 되지만 어떨 때는 나 자신을 곤란하게 만드는 도구가 될 수도 있기 때문이에요.

결국 그것은 자책하게 되는 용도로도 쓰이는데 자책으로 쓰일 때는 그 이유를 알면서도 못 이뤘다고나 혹은 이유조차 모르는데 실행한 자신을 탓하는 것으로 쓰이죠.

이래서 우리는 어쩌면 이유라는 것에 너무 많은 것을 매몰하지 말아야 한다는 것이에요. 분명 좋은 요소지만 그것에 너무 매달리면 많은 것을 망칠 수 있고 그것 때문에 불안에 떨기 때문이죠.

만일 당신도 이렇게 이유에 많은 시간과 정신을 매몰하고 있다면 한번 돌이켜볼 필요가 있어요. 그럴 가치가 있는 지 말이에요. 분명 이유를 밝혀내는 건 당신을 많은 부분에서 명확하게 해줄 거로 생각해요.

하지만 매번 그렇게 명확할 수 없다는 건 당신도 이미 알고 있잖아요. 그렇기에 어쩌면 조금은 이유를 찾지 않고 넘어갈 수 있는 것도 괜찮지 않을까 싶어요.

그렇게 할 수 있다면 당신도 조금은 마음이 편안해지고 덜 불안할 거라고 생각해요.

이유를 모르는 미지의 것에 불안함을 느낄 수 있어요
하지만 시간이 흐르면 뭐든 자연스럽게 알게 될 거예요
그러니 지금의 아까운 시간을 너무 낭비하지 말기로 해요

🌙 노력하는 만큼 얻어지지 않기에

얻어지지 않는 것들에 냉정해지세요.

애매하게 무언가 잘하거나 혹은 그냥 잘하진 못하지만, 노력만 열심히 하는 것에 대해서 생각해본 적이 있어요. 그런 것은 과연 좋은 것일까 하고 말이죠.

분명 나쁘다고만 하기는 힘들 거에요. 애매하게 잘하더라도 분명 자기를 기준으로 놓고 봤을 때는 가장 잘하는 것일 수도 있고 무언가 못하더라도 노력만이라도 열심히 하는 것은 최소한 아무것도 안 하는 것보단 낫기 때문이죠.

하지만 그 당사자들은 분명 타인과 혹은 세상과 자신을 비교하면서 어쩌면 끝없는 답답함에 빠져있지는 않을까 하는 생각을 하곤 해요.

나는 아무리 최선을 다해서 노력해도 여기까지밖에 못 닿았는데 어떤 사람은 그렇게 노력하지 않아도 나보다 더 높은 곳에 도달한 것을 보면 허탈함과 동시에 상실감이 들 수도 있을 테니 말이죠.

하지만 그렇다고 너무 상심할 필요는 없을 거 같다고 말해줄 수 있을 거 같아요. 누구나 최고가 될 수는 없기에 누구나 재능을 한가득 가지고 하는 것마다 정말 감탄이 나올 정도로 잘할 수는 없으니 노력을 바라보는 방향을 다른 쪽으로 틀면 어떨까 싶어요.

  비록 내가 노력해도 노력만큼 얻어지지 못하는 것들이 있을지라도 내 노력이 내 인생에서 단지 그걸 함으로서 즐겁다고 느낀다면 그걸로도 충분할 거라고 생각해보는 쪽으로 말이에요.

  삶은 최고라고 생각하는 사람들에게 많은 것을 부여하죠. 분명 그건 부정할 수 없는 사실이에요. 그렇기에 모두는
최고가 되고 싶어 하죠. 하지만 그럴 수 없는 것도 사실이죠.

  그렇다면 그렇게 얻어지지 않는 것에 매달리기보다는 조금은 적당한 선에서 멈춰서 즐기기만 해보는 건 어떨까요? 무조건 내가 하는 노력이 꼭 최고가 되게 위한 노력일 필요는 없는 거잖아요.

  그저 지금의 나의 삶이 무난하게 흘러갈 수 있다면 혹은 그냥 현실적인 삶과 상관없는 영역이라면 정말 내가 즐길 수 있을 정도면 그걸로도 충분하지 않을까요?

  그렇기에 얻어지지 않는 것이 속상하더라도 그것에 조금은 냉정해져 보는 건 어떨까요? 우리의 인생을 행복하게 해줄 방향은 얼마든지 있으니 말이죠.

노력해도 얻어지지 않기에
그냥 노력을 안 하고 포기하기에는 아쉽잖아요
그러니 적당한 선에서 즐겨보는 것도 괜찮을지 몰라요

함께

내가 지치지 않도록 타인에 대한 믿음을 가져보세요.

요즘은 혐오가 만연한 세상이라는 생각할 때가 있어요. 그렇게 된 것에는 여러 가지 이유가 있겠지만 무엇보다 쉬운 것 하나 없으니 다들 예민해져 있는 것도 당연하다고 생각해요.

그래서 누군가에게 마음을 연다는 것도 함께 무언가 해나간다는 것도 쉽지는 않은 것 같아요. 그래서일까요? 요즘은 예전보다 뭐든 혼자 하는 것이 익숙한 사람들이 많은 것으로 보여요.

옛날에는 혼밥 혼술이 이상한 시선을 받을 정도였는데 지금은 딱히 그렇지도 않죠. 오히려 평범한 생활 양식의 하나로 받아들여서 그런 사람들을 대상으로 한 상품들도 나오고 있으니 말이에요.

하지만 누구나 그렇듯 그렇게 혼자라서 편한 와중에도 이따금 외로움 갑자기 훅하고 올라올 때가 있죠. 단순히 연애 감정에서의 외로움이 아니라 그냥 사람과 사람 사이에 느껴지는 따뜻함에서 오는 것에 대한 결핍에서 오는 외로움에 가까울 거예요.

그리고 어떤 일을 해낼 때 누군가에게 도움을 청할 곳 없어서 정말 혼자라는 것이 느껴지는 날에는 그 어느 때보다 쓸쓸함과 공허함을 느낄 때도 있죠. 나는 잘못 살아온 건 아닌 것 같은데 왜 나와 마음이 맞는 사람은 없을까 하며 한탄하게 되기도 하죠.

그럴 때 주위를 둘러보면 남들은 다 마음 맞는 짝 혹은 친구와 즐겁게 지내는 것 같아 보이면 나만 세상과 동떨어진 것 같은 느낌이라 소외당하는 느낌도 많이 들 거에요.

그런 소외받은 느낌과 더불어서 어쩌면 혼자 겪느라 느낀 불편함 때문에라도 쌓이고 쌓인 비판적인 시선이 뒤틀려서 혐오적인 시선이 되는 게 아닐까 싶어요.

물론 그러므로 타당한 거라는 말을 하는 건 아니에요. 분명 혐오적인 시선은 잘못된 것이기 때문이죠. 단지 제가 하고 싶은 말은 그런 거예요.

앞서 언급한 것처럼 쓸쓸함이 나를 집어삼키고 있다면 조금은 타인을 너그럽게 바라보며 마음의 문을 열어봐도 좋지 않을까 하는 것이죠. 무엇이 문제고 무엇이 별로고 하면서 어울릴 사람을 거르고 거르다 보면 결국에는 정말 혼자가 되고 말 테니 말이죠.

그러니 만일 혼자임이 힘들다는 느낌이 있다면 한번 돌아보세요. 내가 너무 마음의 문을 닫고 있는 건 아니었는지 말이에요.

남들도 나를 받아들이지 않는데 내가 먼저
받아들이고 너그러워질 필요가 있냐고 하지만
그럴 만한 가치가 있을 거예요. 믿어보세요

🌙 가능과 불가능

불가능한 것에 떳떳해지면 가능한 것이 많아질 거예요.

우리는 불가능하다고 말하는 게 한편으로는 쉬우면서 한편으로는 불편함을 느낄 때가 있죠. 그 불편한 순간은 내가 실망하게 하고 싶지 않은 대상에게 말할 때일 거예요.

그런 대상에게는 정말 내가 불가능한 것을 말하는 것이 마치 엄청난 잘못을 한 것처럼 느껴지고 실망하는 모습을 보면 그것보다 마음이 불편한 것은 없을 것만 같이 느껴지기도 하죠.

하지만 우리는 분명 불가능한 것에 떳떳해질 필요가 있어요. 살면서 중요한 순간은 여러 번 찾아오겠지만 그 길에서 선택을 잘하려면 분명하게 내가 가능한 것을 바탕으로만 선택해야 하기 때문이죠.

그렇기에 불가능한 것을 그 누구에게라도 떳떳하게 말할 수 있다면 그건 정말 내려놓고 잊어버릴 수 있어요. 그래서 더 이상 그것을 누군가에게 실망하게 하지 않으려고 붙잡고 있는 그런 정신적인 체력적인 낭비를 하지 않아도 되죠.

그 때문에 조금은 실망하게 했고 어쩔 수 없다는 생각정도면 충분하다 말할 수 있어요. 또 한편으로는 자존심으로라도 내가 불가능한 것을 부정하고 있었다면 내려놓는 것이 필요해요.

인간관계에서도 일에서도 내가 불가능한 것을 자존심 때문에 붙잡고 있는 예도 있는데 그건 자신을 더 힘들게 할 뿐이라는 것을 알아야 해요.

선택과 집중이라는 말을 한 번이라도 들어봤을 거예요. 그것은 마치 무슨 일하든 어떤 영역에서라도 꼭 필수적인 것처럼 느껴지죠. 그것을 하기 위해서는 우리가 자신에 대해서 이해하고 받아들이는 것이 선행되어야 한다고 저는 생각해요.

그런 나를 알아가는 것의 하나로 바로 이 불가능한 것을 이해하고 그것에 당당해지는 것이라고 말하고 싶어요. 내가 불가능한 것을 억지로 노력해서 할 수 있게 만드는 건 정말 가능하더라도 시간이 걸릴지 몰라요.

하지만 불가능한 것을 인정하고 내가 정말 지금이라도 가능한 것들에 집중한다면 가능한 것들의 가능성은 더욱더 커지겠죠. 더 나아가서 내가 가능했던 것들에서 파생된 나도 몰랐던 가능한 것들을 발견할 수 있을지도 몰라요.

그렇기에 만일 당신이 아직도 불가능한 것에 솔직하지도 당당하지도 못하다면 한번 잘 생각해봤으면 좋겠어요. 불가능한 것을 받아들이지 못하는 것이 잘못은 아니지만, 당신이 좀 더 편안하게 살았으면 하거든요.

불가능한 것이 있더라도 괜찮아요

그건 약한 것도 무능력한 것도 아니죠

오히려 그걸 아는 만큼 당신은 강해질 거예요

나에게도 타인에게도
많이 너그러워져보자
처음에는 힘들더라도 분명 가치가 있을 것이다

최대한으로 슬퍼하고 최대한으로 힘들어봐야 한다
그렇지 않으면 나의 한계가 어디인지 모를 것이고
조금만 힘들어도 흔들리게 될 테니 말이다

뭐든 당연한 것은 없다
그러니 지금 망쳤다고 생각하는 일도
다음에 또 망칠 거라는 법은 없다

최대한 표현하며 살아야겠다. 그렇게 표현하다 보면
눈치 보지 않고 "난 꼭 이건 얻고 싶어!"라고
소심한 나도 당당하게 말할 날이 올지도 모르니

끝내 이해 못 할 거라면
서로 비난이라도 하지 않았으면 좋겠다
그럼 조금이라도 덜 피곤해질 테니

일상에서 나를 소소하게라도 웃게 할
이것저것을 모아둬야겠다
그럼 힘들고 외로운 날이 조금은 빨리 지나갈 테니

아픔

아픔이 나의 일상에 자리 잡지 않도록 해요.

여러 관계에서 혹은 삶을 이루는 많은 것에서 우리는 아픔을 겪는 순간이 있죠. 아픔의 종류는 다양해서 딱 하나만 집어서 말할 수 없지만, 일상에서 자리 잡지 않도록 해야 한다는 건 분명해요.

상담을 하다 보면 아픔이 일상이 된 사람들을 마주할 때가 있어요. 사연을 듣다 보면 어디서부터 시작되었는지도 모를 아픔들이 쌓여서 이제는 그냥 아무 일 없어도 아픔을 느끼는 것 같은 일상을 사는 것처럼 보였죠.

그것은 아마 오랜 시간 동안 그 아픔을 적절하게 해소할 방법을 찾지 못했기 때문이겠지만 무엇보다 가장 큰 원인은 아픔에 저항하고 저항하다가 그냥 손 놓아 버리고 그 아픔이 내 곁에 계속 남도록 두었기 때문으로 보였어요.

이런 문제를 다루다 보면 인간적인 연민보다도 그렇게 될 수밖에 없는 주변 환경에 더 안타까움을 느낄 때가 많아요. 분명 모두가 힘든 상황이기에 각자의 관점에서 바라보면 상대의 힘든 정도는 나에게 비하면 아무것도 아니라고 느낄 수 있죠.

보통 "너보다 힘든 사람이 더 많아" 혹은 "그 정도는 아무것도 아니야"라는 말로 시작하는 말은 아픔을 꺼내놓는 이에게는 점점 마음도 말도 닫히게 만들죠. 아마 이 글을 읽는 당신도 한 번쯤 경험해본 일일 거예요.

만일 당신이 이렇게 어디에도 터놓기 힘든 사람이라면 저는 말해주고 싶어요. 나의 아픔을 축소하는 사람들에게 더 의지를 바라기보다 혼자서 기분이 좋을 만한 무언가를 찾아보라고 말이에요.

알아요, 아마 당신은 너무 힘들어서 뭐든 할 의욕이 없다고 생각하겠죠. 하지만 잘 찾아보면 그냥 일방적이라도 당신을 조금이라도 웃게 할 만한 작은 것들을 찾을 수 있을 거예요.

그걸 한다고 무슨 도움이 되겠어라고 생각할 수도 있어요. 하지만 지금 나와 소통하는 모든 대상이 내 아픔을 축소하고 있다면 한번 시도해본다고 나쁠 건 없잖아요. 정말 사소해서 이게 뭐야 하는 거라도 괜찮아요. 그냥 시간을 낭비하는 거라도 괜찮아요.

그렇게 뭐가 되었든 아픔보다 조금의 웃음이 일상에 더 자리 잡게 했으면 좋겠어요. 그렇게 하다 보면 분명 당신의 아픔을 알아주는 사람도 찾아들 거라고 믿어요.

제가 치유했던 모든 사람처럼 당신도 아픔을 이겨내고 미소 짓게 될 거라고 저는 믿어요.

걱정 말아요. 아픔에서 벗어난 다른 이가 그랬듯

당신도 아픔에서 꼭 벗어나게 될 거예요

그러니 아픔보다 웃음을 곁에 두려 해보세요

🌙 발전을 추구하지 않더라도

늘어지는 것 같은 느낌이 들더라도 괜찮아요.

하는 일도 딱히 힘들지 않은데 마냥 늘어지는 것 같은 느낌을 받을 때가 있죠. 그러다 보면 계속 늘어지면 안 될 거 같아서 뭐라도 해야 할 것만 같아 스트레스를 받게 되죠.

요즘에는 누구나 하나둘 자기 계발을 하는 것이 있는 것 같아요. 운동이나 공부처럼 뭔가 발전을 추구하며 자신에게 보탬이 될 만한 것을 찾는 것이 당연한 것 같이 느껴지죠.

그런 분위기 속에 있다 보면 자꾸 늘어지는 자신이 뒤처진 것 같이 느낄 때도 있을 거예요. 하지만 그렇다고 해서 급하게 발전을 추구하려 하지는 않았으면 좋겠어요.

왜냐하면 그건 도리어 발전을 추구하려는 의지를 더 꺾어버리는 행동이 될 수 있기 때문이죠. 싫은데 억지로 해서 그런 것이기도 하지만 무엇보다 지금 늘어진다고 생각하는 그 모든 것이 사실은 정말 필요한 휴식을 취하고 있는 것일지도 모르는 거든요.

사람마다 휴식의 정도는 다를 거예요. 그냥 평균적으로 몇 시간 이렇게 하기에는 겪고 있는 상황이 다 다르기에 필요한 정도가 어느 정도인지 가늠하기는 힘들죠. 물론 신체 관리의 영역에서는 명백하게 정해진 것이 있을지도 몰라요.

 하지만 제가 이야기하는 것은 감정적인 영역에서 이야기이기에 그 부분은 조금 떼어 두도록 할게요. 분명 늘어지는 것만 놓고 보면 부정적인 이미지가 강할지 몰라요. 휴식이 아니라 게으름에 가깝게 보일 수 있죠.

 하지만 왜 아무것도 하기 싫어지는지를 좀 더 깊이 들여다봤을 때 나의 일 혹은 인간관계에서 내가 얼마나 에너지를 소비하고 있는지를 생각해봤을 때 꽤 많은 것들에 시달리고 있거나 혹은 도무지 내가 어쩔 수 없는 것에 압박받고 있으면 당연히 그럴 수 있어요.

 따라서 무조건 발전을 추구하지 않는 지금의 늘어지는 모습이 한심스러워서 억지로 나서다가 남은 에너지까지 다 허비하게 되진 않았으면 해요. 오히려 지금 나를 괴롭히며 에너지를 소비하게 되는 문제를 해결하는데 더 중점을 두는 게 더 도움이 될 수도 있어요.

 분명 발전을 아주 추구하지 않는 건 인생 전체를 놓고 봤을 때 도움이 안 될 거예요. 하지만 무리하면서 지금 중요한 것을 해결하는 것보다 발전을 추구하는 것이 중요하진 않을 거예요. 그러니 조금은 여유를 가지길 바라요.

남들이 하고 있다고 해서 나도 꼭
따라가야 하는 건 아니에요. 우선은
당신의 마음부터 안정시키는 데 힘을 써보아요

🌙 경제적 여유가 없더라도

주눅 들지 않는 태도가 가장 중요해요.

경제적 여유가 없을 때는 참으로 작아지는 느낌이 들죠. 친구를 만나도 혹은 무엇을 하려고 해도 매 순간 조금씩 쓴맛이 느껴지는 경험을 하게 되죠.

빈곤함이라는 건 사람을 물리적으로 괴롭게 하는 부분보다 정신적으로 괴롭게 하는 면이 더 크다고 생각해요. 무엇을 해도 취향을 마음껏 가지기가 쉽지 않고 선택 하나하나가 신중해지게 만들죠.

그렇게 되면 점점 많은 부분에서 주눅 들게 되어버리죠. 그리고 싶어서 그런 건 아닌데 현실적 상황을 더 깊게 이해하고 인식할수록 그렇게 되는 경향이 짙어지죠.

이런 부분에 있어서 최소한 현실이 힘들어서 우울하거나 조금은 냉소적일 수는 있어도 주눅 들지 않는 태도를 가지는 게 가장 중요하다고 저는 말하고 싶어요.

물론 정말 심각한 가난을 겪고 있다면 이러한 이야기가 어처구니없게 들릴 줄도 알고 있어요. 하지만 결국 경제적인 여유가 없는 상황에서 벗어나려면 무엇보다 태도가 중요해요.

그냥 단순히 긍정적인 마음으로 살아가세요. 이런 것이 아니라. 대부분의 일들이 보여지는 것에서 시작하고 일이 꼬이거나 잘 풀리지 않는 것도 마찬가지이기 때문이에요.

경제적으로 힘든 상황에서 벗어나는 건 시간이 필요한 일이라는 것은 잘 알 거예요. 그만큼 많은 시간이 투자되기 마련인데 그것을 조금이라도 앞당기는 것에는 노력 외에도 여러 요소가 작용하죠.

바로 그때 나의 힘든 상황이 극복되는 것을 판가름하는 것은 주눅 들지 않는 태도에서 결정되는 경우가 많아요. 비록 가진 건 없지만 그 상황에 짓눌려 있는 것으로 보이지 않는다면 좀 더 나은 결과로 이어질 가능성이 생기겠죠.

자신감 충만한 삶을 살라는 이야기가 아니에요. 이러한 순간에 힘내서 당당해지는 것만큼 불가능한 건 없을 거예요. 그냥 짓눌려서 비관적이지만은 말라는 거에요.

이미 당신도 알고 있을 거예요. 당신의 그동안 경험을 돌이켜봐도 분명 그러한 태도로 상황이 개선된 경우를 한 둘 즈음은 봤을 테니 말이죠. 그러니 너무 상황에 짓눌려서 주눅 들지 않기를 바라요.

언젠가는 지금 힘든 이 순간을 웃으며 추억할 때가 올 테니 저는 그대가 해낼 거라고 믿어요.

힘을 내서 당당해지라고는 말하지 않을게요

그저 당신조차 당신을 기죽이지 말아요

그렇게 주눅 들지 않기만을 바라요

🌙 이해라는 이름

상대의 입장을 항상 이해하지 않아도 괜찮아요.

우리는 이해 혹은 배려라는 이야기를 많이 사용하곤 하죠. 하지만 정작 그것은 정말 이해를 위해서 혹은 배려를 위해서 쓰이는 일이 많지는 않은 듯해요.

많은 사람이 이해나 배려라는 말을 언급할 때는 저마다의 입장에서 유리하게 작용하도록 유도할 때 쓰는 경우가 많다는 생각을 가끔 하게 되어요.

그래서 정말 순수하게 남을 이해하고 배려하는 사람들은 그런 흐름에 이용당하는 경우가 많죠. 예스맨이 되지 않도록 하려는 사람들도 이런 경우에 이용당하지 않기 위해서 노력하는 경우라고 볼 수 있을 거예요.

만일 당신이 예스맨까지는 아니더라도 타인에게 좋은 사람이 되고 싶은 마음이 강해서 타인을 어떻게든 이해하려고 하다가 상처 입은 경험이 있고 그런데도 계속 좋은 사람이 되고 싶어서 그 태도를 유지하고 있다면 잘 생각해볼 필요가 있어요.

정말 상대는 내 이해가 필요할까 하고 말이죠. 내가 상대의 관점에서 이해해주고 배려해주지 않았더라도 자신의 답답한 문제를 자체적으로 해소했을지도 모르죠.

그런 측면에서 생각해보면 내가 꼭 상대방의 상황을 이해하고 나서지 않아도 괜찮을 수 있다는 면이 존재한다는 것이에요.

보통 이해와 관련해서 상처받는 경우는 이러한 면이 있을 수 있다는 걸 간과하고 그저 먼저 몸이 움직이는 대로 자연스럽게 돕고자 했고 그것이 반복되다 보니 그 돕고자 한쪽이 자신의 의도와는 달리 왜곡 반복되어서 생기는 경우가 많아요.

따라서 당신이 이해를 통해서 누군가를 돕고자 한다면 한번 잘 생각해볼 필요가 있어요. 이것이 당연하게 반복되어도 서운함을 느끼지 않을 자신이 있는지 혹은 더 나아가서 상대가 내게 더 큰 이해를 바라도 들어줄 자신이 있는지 말이에요.

만일 그건 싫다고 한다면 일단 상대의 입장을 먼저 이해하기 전에 조금은 지켜보는 시간을 가지는 게 좋을지 몰라요. 그렇게 지켜보다 보면 상대도 알아서 잘 해소하고 그 일은 자연스럽게 넘어가는 흐름으로 이어질 수도 있으니 말이죠.

그러니 모든 일에서 먼저 나서서 상대방의 상황을 이해하고 행동하려 하지 않아도 괜찮다는 걸 기억해보길 바래요.

상대가 먼저 이해를 바랄 때
그때 나서서 귀 기울여도 늦지 않아요
그러니 먼저 나서서 모든 걸 이해하려 하지 말아요

🌙 용기 내지 않아도 괜찮아

할 만큼 했다고 생각한다면 그걸로 충분해요.

어떤 일이든 용기를 내서 더 나아가거나 시도해야 하는 부분이 존재하기 마련이죠. 하지만 그 용기 내어서 해야 하는 행동이 삶의 불안정을 가져다줄 거 같아 쉽지 않다면 일단은 용기 내지 않아도 괜찮아요.

용기 낸다는 것은 때론 많은 것을 희생하게 되는 것을 의미하기도 해요. 그만큼 내가 더 나아가기 위해서는 지금의 안정이 무너지는 것을 의미하기도 하죠.

보통 용기를 내어야 할 것 같다고 느끼는 순간은 성장을 이루고 싶은 순간과 맞물려 있는 경우가 많아요. 더 많은 것을 얻고 싶어서 환경을 바꾸고자 하는 마음이 그렇게 부추기게 되는 것일 거예요.

하지만 누구나 그런 과정에서 쉽게 지금의 안정을 포기하고 나아가는 것이 쉽지는 않기에 용기 내는 것보다 지금에 안주하는 쪽을 택하는 예도 있어요. 혹은 좀 더 쉬운 길을 찾아보려고 하기도 하죠.

만일 당신이 그런 사람인데 뭔가 편법을 찾는 것 같고 더 용기 내지 못하는 자신에게 어느 정도 실망한 상태라면 일단 지금의 상황에서 내가 시도할 만큼은 했는지를 돌아보면 어떨까 싶어요.

용기를 낸다는 것과는 별개로 내가 성장하기 위해서 무엇이 필요한지 정도는 확인했거나 더 나아가서 필요한 것을 얻으려고 어느 정도 노력해 보았는지를 말이에요.

만일 그렇게 했음에도 제대로 되지 않았거나 용기를 낼 확신이 없다면 그것만으로도 충분했고 지금 용기 내지 않고 현실에 안주하는 선택을 한 것이 오히려 잘 선택한 것이라고 생각했으면 좋겠어요.

누구나 성장의 시기가 있기 마련이죠. 그 성장은 앞서 언급한 것처럼 어떤 희생이 따른 경우가 있어요. 만일 아직 때가 되지 않았다면 그렇게 꼭 희생하려고 할 필요는 없다는 이야기에요.

분명 언젠가는 당신도 남이 말리더라도 용기 내서 나아가고자 하는 욕구가 더 강하게 생기는 날이 올 거예요. 그때 망설이지 않는다면 그걸로도 충분해요. 꼭 지금이어야 할 필요는 없다는 거죠.

그러니 오히려 용기 내지 않아도 괜찮은 지금의 삶을 더 단단하게 다지고 주변에 휘둘리지 않도록 마음을 가져보면 좋겠어요. 그렇게 할 수 있다면 당신은 언젠가 다가올 당신의 순간에서도 잘 해낼 테니 말이죠.

억지로 용기 낼 필요는 없어요

그저 내가 할 수 있을 때 그때 주저하지 않으면

그걸로 충분해요

남이 만드는 나

휘둘려서 결정하게 되더라도 괜찮아요.

살면서 가깝게든 멀게든 다른 사람들의 영향을 받는 것은 피할 수가 없죠. 그중에서도 남들이 경험하고 좋다고 한 것에는 더욱더 영향을 받을 수밖에 없죠.

이러한 것에도 좋은 점은 있을 거예요. 내가 모든 것을 경험해볼 수 없으니 남의 경험을 토대로 일종의 비결을 간접적인 체험을 통해 얻을 수 있을지 모르니 말이죠. 하지만 그것에 너무 잘 휘둘리는 성격이라면 조심할 필요가 있어요.

우유부단한 성격이라서 스스로 결정을 내리기 힘든 사람들이 있죠. 그럴 때 문제는 결정의 갈림길에서 정말 내가 마음속으로 원하는 것과 다른 쪽으로 결정이 유도되는 경우가 생긴다는 것이에요.

결정을 잘 못 해서 휘둘린다고 하더라도 그런 사람도 나름의 그래도 조금 더 취향에 가깝다고 생각하는 것은 있기 마련인데 그걸로 밀고 나갈 확신이 없어서 타인의 의지에 기대게 되는 것이죠.

따라서 일단 휘둘릴 수밖에 없다고 한다면 최소한 자신의 그런 희망사항 혹은 취향 정도는 그 선택의 조언을 줄 사람들에게 분명하게 말할 필요는 있어요.

그래야 최소한 결정하게 되는 순간에도 내가 생각한 방향성과 어느 정도 맞게 될 테니 말이죠. 남의 조언에 이리저리 휘둘릴 수는 있어요. 충분히 자신이 홀로 서서 자신의 의견대로 살아가는 게 처음부터 쉽지 않다면 그게 될 때까지는 그럴 수 있죠.

하지만 그냥 무턱대고 남이 나의 모든 부분을 충분히 이해하고 나를 위한 좋은 선택을 내려줄 것처럼 행동하는 건 좋지 않아요. 그건 결국 진짜 내가 아닌 남이 만든 나로서 살아가게 되는 것이니 말이죠.

그러니 조금씩 자신의 의견을 분명하게 밝히고 도움을 요청해보는 연습을 해보면 어떨까 싶어요. 가까운 사람도 당신을 온전하게 알지 못하기에 그런 확실한 정보를 안다면 더 잘 도와줄지도 몰라요.

그런 것이 반복되다 보면 당신도 어느덧 남들의 말에 휘둘리지 않는 자신만의 중심을 찾을지도 몰라요. 당신도 알 듯 당신의 성격상 한 번에 쉽게 마음먹은 것처럼 자립이 되진 않는 게 당연해요.

그러니 그런 성격을 너무 탓하진 말고 위의 말처럼 작은 것부터 꾸준히 시도해보도록 해요. 당신의 잘못이 아니니 말이지요.

지금은 남에게 의존할 수밖에 없어도
조금씩 나의 의견을 표현하다 보면
언젠가는 자립이 가능해질 거라고 믿어보아요

지금의 나는 모를 수밖에 없다
나중의 내가 얼마나 잘 될지
얼마나 빛날지

행복을 찾기 힘들 때는
가장 좋아하는 음식을 떠올려보자
그게 행복이다

종종 지금 이대로도 괜찮다고 생각하자
나아가지 않아도 애쓰지 않아도
지금의 나로서도 괜찮으니까

남들에게 착한 사람이기보다
나에게 착한 사람이 되어야겠다
쉽진 않겠지만 그렇게 되어야겠다

애써 이해하지 않으려 한다
내가 이해하지 않아도
분명 어떻게든 될 테니 말이다

작은 일을 매번
큰일처럼 받아들이지 말아야겠다
어차피 남들은 기억도 못 할 일일 테니

거리감

관계에 거리감이 있어도 괜찮아요.

친하다고 생각하면서 오래된 관계에서 어느 날 문득 거리감이 느껴질 때 우리는 서운함을 느끼죠. 내가 뭔가 잘못했나 싶어서 원인을 찾게 되지만 그럴 필요는 없어요.

시간의 흐름에 따라서 혹은 환경의 변화에 따라서 우리는 가까웠던 사람과 이별하게 되기도 멀어지게 되기도 혹은 멀게만 느껴졌던 사람과 가깝게 되기도 하죠. 그런 변화처럼 언제까지나 가깝다고 생각하고 둘 사이에 변한 것 없는 것 같은 관계에서도 거리감이 생길 수는 있어요.

그런 거리감이 생겼을 때 우리가 해야 할 것은 서운함을 이야기하고 그것을 좁히기 위해서 함께 노력하는 방향으로 가야 하는 것이 아니에요. 왜냐하면 그러다가 더 갈등의 골이 깊어질 수 있기 때문이죠.

따라서 우리는 이런 변화를 빠르게 적응하는 쪽으로 나아갈 필요가 있어요. 여전히 서운하겠지만 그런데도 어떤 이유가 있어서 생긴 거리감을 받아들였을 때 오히려 이전보다 더 좋은 관계가 될 수도 있거든요.

아마 당신은 당신이 무언가 잘못했는지를 많이 곱씹게 될 거예요. 최근에 있었던 일을 놓고 그것 때문에 저러나 싶기도 하겠죠. 하지만 그것과는 상관없는 일일 가능성이 커요 오히려 그 일이 일어나기 전부터 그런 거리감은 조금씩 생기고 있었을 가능성이 커요.

따라서 괜히 나의 어떤 행동 때문에 그렇게 되었다고 생각하기보다 그렇게 느껴진 거리감 속에서도 상대방과의 관계가 어느 정도는 이전처럼 흘러간다면 그 흐름에 맞춰갈 필요가 있어요.

관계는 불변하고 맹목적인 부분보다 변동성이 있는 부분이 더 많아요. 그 때문에 지금의 거리감은 어쩌면 서로에게 필요하므로 생겨난 것일 수도 있어요. 그러다 보면 또다시 어느 시점에는 서로가 맞물려서 함께 시간을 보내는 만큼 또다시 가까워짐을 느끼는 때가 있을 수 있죠.

그러니 어떤 관계에서든 내가 생각지 못한 타이밍에 거리감이 생기더라도 그것을 마냥 걱정하고 두려워할 필요는 없어요. 오히려 다양한 걸 시도해볼 기회가 생겼다고 생각해도 좋을 것 같아요.

예를 들어 매번 어떤 때가 되면 통화를 했는데 지금은 그렇지 않은 경우라고 가정한다면 차라리 그 시간을 내가 다른 활동을 시도해보는데 써본다거나 하는 식으로 쓸 수 있겠죠.

거리감이 생긴 만큼 다양한 변화가 어색할 수는 있어요. 하지만 다시 적응하면 다 괜찮아질 거예요.

멀어진 것 같은 거리감은

다시 자연스럽게 가깝게 느끼게 될 거예요

그러므로 너무 걱정하지 말아요

🌙 오늘 할 일

차근차근하다 보면 부정적인 감정과 멀어져 있을 거예요.

부정적인 감정에서 헤어 나오지 못해서 하루를 망치는 일이 한동안 생기는 경험을 해본 적이 있을 거예요. 감정 때문에 만사가 귀찮고 제대로 손에 잡히는 게 없죠.

생각하고 싶지 않지만 생각하지 말아야겠다고 생각하면서 오히려 더 생각하게 되고 생각하고 싶지 않아도 눈에서 떼어놓을 수 없는 일이라면 생각이 멈추기는커녕 더 커지기만 할 뿐이죠.

그럴 때는 그나마 손에 잡히는 것부터 오늘 할 일의 목록을 만들어서 목록을 하나씩 지워간다는 느낌으로 그 작은 할 일에 몰입하면 좋아요. 부정적인 감정은 무언가에 몰두할 때 가장 빨리 벗어날 수 있거든요.

누구나 그런 경험이 있을 거예요. 나도 모르게 다쳤는데 무언가에 몰입하며 시간을 보낼 때는 못 느끼다가 뒤늦게 느끼게 된다거나. 혹은 너무 바빠서 밥 먹을 시간도 없었는데 나중에 여유가 생기고 나서 한꺼번에 피로가 몰려온다거나 하는 경험 말이에요.

그것처럼 부정적인 감정이 생겼을 때 어떤 방식으로도 감정이 빨리 다스려지지 않는다면 일단은 그 기분을 그대로 가지고 싶더라도 오늘

할 일을 만들어서 해보는 게 좋아요. 물론 손에 쉽게 잡히지 않기 때문에 처음부터 잘되진 않을 거예요. 그건 당연하니까 잘 안된다고 처음부터 손 놓지만 않으면 괜찮아요.

그렇게 오늘 할 일을 정할 때 규칙은 한 번에 너무 많은 일을 정하지 않는 게 좋아요. 처음에는 한가지 그다음에는 두 가지 이런 식으로 점점 늘려가는 게 좋아요. 분명 빨리 부정적인 감정에서 벗어나고 싶겠지만.

일에 몰두하는 자체가 부정적으로 되면 안 되기에 예를 들어 처음에는 5분 정도 할 일 하나만 해도 괜찮아요. 단 그 5분간은 그 할 일에만 온전히 정신을 쏟아보는 거예요. 그 할 일은 꼭 생산적인 일이 아니어도 괜찮아요. 하지만 반드시 움직이는 것이어야 해요.

그것이 할만하면 또 그다음 것 이런 식으로 처음에는 5분이었던 것이 어느샌가 몇 시간 동안 생각 없이 보낼 수 있는 일들이 만들어질 거예요. 누구나 부정적인 감정에 사로잡혀서 일상에 손이 안 잡히는 경험은 하게 되어요.

그러므로 나만 감정조절 못해서 시간을 낭비한다고 생각하진 않았으면 좋겠어요. 핵심은 난 왜 정신력이 약할까가 아니라 약하더라도 어떻게 하면 좋을까에 달린 것이니까요. 그러니 오늘부터 하나씩 해보아요.

부정적인 감정이 나와 오래 함께하지 않도록
바쁜 일상에 흘려보내는 연습을 해보아요
그럼 감정 때문에 힘든 일이 줄어들 거예요

🌙 나는 내 성격을 이해할까?

성격의 나쁜 면에 너무 심각해질 필요는 없어요.

나 자신을 아는 것은 무엇보다 중요하죠. 하지만 우리는 그만큼 내 성격에 대해서 잘 이해하지 못하는 면이 있어요. 그건 아마도 삶을 살아가면서 일어나는 상호작용 때문에 생기는 일일 거예요.

흔히 성격에 관해서 이야기하면 본래의 자신이 가진 모습보다 "어떠해야 할 것 같다"에 시선이 더 많이 향해있는 것이 보일 때가 있어요. 물론 자신이 마음에 안 들거나 부족하다고 생각하는 성격적인 부분을 보완할 필요는 있어요.

하지만 그건 말 그대로 보완일 뿐 "변경"의 개념으로 생각하며 접근해서는 안 된다는 거예요. 예를 들어서 나는 신중한 성격의 사람인데 그것이 때로는 우유부단하게 비치는 것이 싫어서 억지로 신중하지 않은 것처럼 행동하는 건 전혀 도움이 되지 않는다는 거예요.

기본적으로 신중하되 어느 특정 상황에서는 이 정도까지만 생각한다는 식의 규칙을 정하고 그것을 기존의 성격 위에 쌓아 올린다는 개념으로 접근하는 것이 필요해요.

흔히 내향적 외향적 뭐 이런 식으로 자신의 성격을 한 단어로 설명하게 되는 경우가 있죠. 분명한 건 각각의 성격적인 특징들은 큰 것에서부터 작은 것에 이르기까지 무조건 좋고 무조건 안 좋다고 말할 수는 없어요.

그것을 어떻게 활용하고 받아들이느냐의 문제죠. 따라서 나의 약점이 되는 것 같은 성격도 혹은 남들에게 보여졌을 때 사회적으로 추구하는 성격 유형이 아닌 것 같아서 주눅 들고 억지로 노력할 필요는 없다는 거예요.

나는 이런 성격이라서 이런 부분이 나쁘지만 이런 부분을 노력해서 내가 가진 모습을 좋은 쪽으로 발현했어. 라고 생각하게 되는 것이 나는 이게 문제라서 그걸 고쳐야 하는데 쉽지 않네! 그래도 그게 좋다고 하니까 노력해야 한다고 생각하는 것보다 좋잖아요.

따라서 자신이 가진 성격에서 단점에 너무 심각해질 필요가 없어요. 누구나 성격에서 결점이 한둘 즈음은 있기 마련인데 그걸 기계적으로 다 뜯어고치는 것이 정답은 아니거든요.

그런 모습 또한 나이며 그것을 존중하게 될 수 있도록 잘 가꿔나가기만 하면 될 문제에요 그러니 단점을 놓고 너무 심각하게 생각하면서 자신을 깎아내리지 않기를 바라요.

나를 나로서 잘 가꿔나가면 충분해요
그래도 남부럽지 않게 빛날 수 있어요
내게 맞지 않는 모습을 억지로 따라가진 말아요

🌙 주변 정리

사람도 사물도 망설여질수록 정리해야 해요.

오래되어서 혹은 혹시나 몰라서 인간관계도 물건도 쉽게 못 버리는 경우가 있죠. 하지만 내가 망설이면 망설이는 것일수록 정리하는 게 좋아요.

아마 떠나보내고 나면 후회하지 않을까 하는 생각에 두려워서 쉽게 정리가 잘되진 않을 거예요. 나의 주변을 방 청소하듯 깔끔하게 정리해서 심신을 편안하게 해야 한다는 건 알지만 그중 사람에 대한 것은 혹은 혹시나 쓰일지 모른다고 생각하는 것은 유독 쉽지 않죠.

그런 망설임이 생기는 건 당연해요. 당신이 자연스럽게 정리할 수 있었다면 이미 이런 고민은 하고 있지 않았겠죠. 하지만 내가 후회할까를 생각하기 이전에 왜 나는 망설이지를 먼저 생각해보면 좋을 거 같아요.

정말 함께해도 크게 신경 쓰이지 않았다면 망설일 필요도 없겠죠. 분명 어느 순간부터 정리해야 할까 말까 하는 망설임이 생긴 계기가 있을 거예요. 그것을 돌이켜보세요. 그 계기가 아직도 영향을 주고 있는지를 말이죠.

만일 아직도 영향을 주고 있고 그래서 정리하는 게 좋지 않을까 하는 생각이 어느 정도 남아있다면 남에게 물어볼 필요도 없이 정리하는 것이 맞아요. 그건 분명한 내 마음의 소리이고 다른 사람이 주는 대안으로도 문제가 말끔하게 해결되지 않을 가능성이 크거든요.

우리는 살면서 익숙하지 않은 것을 받아들이는 게 힘들죠. 그것처럼 정리라는 건 우리에게 익숙하지 않은 개념일 거예요. 하지만 그 익숙하지 않은 것을 해야 할 때라면 혹시 모를 후회할 가능성을 곱씹기보다 지금 힘들어하는 내 마음의 소리에 더 집중해야 할 때요.

따라서 너무 여기저기 이런 상황을 물어보면서 답을 구하지 않아도 괜찮아요. 이미 답은 나와 있는데 어떻게 하면 덜 괴로울지 알고 싶은 거잖아요. 하지만 정리하는 과정에서는 생각하는 것만큼 괴로운 건 어쩔 수 없을 거예요.

분명한 것은 정리하고 난 다음에는 충분히 괜찮아 질 거라는 거에요. 그러니 믿고 망설여지게 된 계기에 대해서 잘 생각해보세요. 그리고는 가장 쉬운 것부터 정리하게 시작해보세요.

한꺼번에 동시에 정리하기보다 할 수 있는 것부터 정리하다 보면 느낄 거예요. 막상 떠나보내도 괜찮다는 것을 말이죠. 당신이 꼭 망설임에서 벗어나길 바라요.

왜 정리해야 하는지 누구보다 많이 시달려서
잘 알고 있잖아요. 그 마음의 소리에 귀 기울여주세요
그럼 정리가 쉬워질 거니까요

초라한 면도 괜찮아

초라한 부분을 보듬어주는 연습을 해보세요.

초라한 면을 피하려는 마음을 가지게 되는 경우가 있죠. 아마 이건 너무 당연해서 오히려 누가 그럼 못난 면과 가까이하고 싶겠냐는 생각이 들 거에요.

하지만 우리는 이 초라한 부분을 보듬어주려고 연습할 필요가 있어요. 왜냐하면 이것은 곧 나의 자존감 그리고 세상을 바라보는 안목과 연결되기 때문이죠.

잘 해낸 것을 자랑스러워하거나 잘되고 있는 것에 더 힘을 주는 것은 그리 어렵지 않을 거예요. 하지만 우리는 초라한 면을 보듬는 것은 그 어떤 것보다 어렵죠.

그러다 보면 초라한 면을 자기합리화하거나 남 탓을 해서 내 잘못이 아니라고 못 박고 싶어 하는 부분이 생겨나죠. 그렇게 하지 않아도 원래도 내 잘못이 아닌데도 말이죠.

아마 그것은 내가 노력이 부족한 사람이라고 스스로 받아들여서 그런 노력 부족을 남에게 들키고 싶지 않은 마음에서 생겨나는 것일 수 있어요. 하지만 그건 노력 부족도 아니라는걸 알아야 해요.

너무 쉽게 노력을 말하고 열심히를 너무나도 당연하게만 생각하다 보니 개인의 이런저런 면도 그렇게 쉽게 노력의 여부로만 측정하려고 하는 경향이 있는 것 같아요. 하지만 각자의 사정을 자세히 들여다보면 정말 누구라도 그런 상황이면 그럴 수밖에 없다는 느낌을 저는 매번 받고는 해요.

분명 자신이 아닌 타인의 시각에서는 그렇게 노력 부족이라고 볼 수밖에 없는 한계가 존재할 수는 있어요. 누구나 속사정을 다 공유하진 않는 법이니 말하지 않으면 알 길이 없고 그럼 결국 노력이라는 부분밖에 떠오르지 않으니 말이죠.

그래서 남은 그렇게 생각할 수는 있어요. 하지만 적어도 내가 나의 초라하고 부족한 부분을 그렇게 생각할 필요는 없지 않을까요? 안 그래도 인생은 고단함의 연속이잖아요. 그리고 나름으로 열심히 하고 있잖아요.

자존감을 키우는 것이나 타인을 바라보는 안목을 기르는 것은 이렇게 자신의 초라한 면을 보듬는 것에서 시작한다고 저는 생각해요. 내가 나의 가장 초라한 면을 보듬을 수 있다면 타인의 시선에서 어느 정도는 자유로워 질 테니 말이죠.

그러니 조금은 내 초라함을 보듬어주는 연습을 해보면 어떨까 싶어요. 남 탓이나 합리화가 아니라 그냥 이대로도 괜찮다고 하며 자신을 달래주는 거죠. 그러다 보면 어느샌가 정말 괜찮게 느껴질 수 있어요.

나라도 나의 초라한 면을 보듬어야겠죠

뭐든 쉽지 않은 요즘

적어도 나라도 보듬어줘야 해요

초심

설렜던 기억만 잊지 않으면 괜찮아요.

초심이 변했다는 말을 많이 쓰고는 하죠. 그게 어쩌면 당연할 수도 있는데 꼭 당연히 지켜야 할 부분으로서 너무 엄격하게 생각하는 면도 있는 것 같아요.

사람은 저마다의 사정이 상황에 따라서 달라지고는 하죠. 그렇게 되면 너무나도 자연스럽게 초심과는 달라질 수밖에 없는 상황을 경험하게 되기는 하죠.

물론 그렇다고 해서 초심이 변한 것에 대한 합당한 이유라고 말하고 싶지는 않아요. 단지 초심에서 어떤 것은 변할 수밖에 없는 것도 있다는 걸 말하고 싶은 거에요.

하지만 그렇게 변화하는 과정에서도 어쩔 수 없는 것은 어쩔 수 없다고 치더라도 처음 그때의 설렜던 감정에 대해서는 잊지 않았으면 좋겠어요.

연애든 일이든 우리는 처음에는 누구나 의욕 넘치게 행동하곤 하죠. 그래서 평소에는 자신이 쉽게 되지 않았던 것도 해보려고 노력을 할 거예요. 그런 모습만이 타인에게는 각인되기에 우리는 최대한 처음 그때의 모습을 잃지 않으려 노력하죠.

 하지만 정작 잃지 않도록 해야 하는 건 그때의 행동보다는 그때의 마음이 아닐까 싶어요. 내가 그 관계를 하게 되었던 이유 혹은 그 일을 하게 되었던 이유를 잊지 않는다면 처음의 모습이 변했더라도 다시 또 그때만큼 좋은 것을 이어갈 수 있을 테니 말이죠.

 따라서 만일 당신이 초심이 변한 것 같은 누군가와 마주하고 있다면 혹은 당신이 초심이 변한 것 같다면 행동보다도 마음을 더 들여다보도록 노력하면 좋겠어요. 그때처럼 여전히 설레는지 그때처럼 여전히 열정이 남아있는지.

 만일 그렇지 않다면 그 마음을 바로잡으려고 어느 정도 노력할 필요가 있어요. 분명 쉽지는 않을 거예요 이미 즐거웠던 부분이 다 떠났다고 느껴진다면 완전 가망이 없는 것처럼 느낄 수도 있겠죠.

 하지만 초심에 대해서 고민하고 있다면 아직은 늦지 않았어요. 어딘가 남아있는 작은 불씨를 찾아서 키워주면 다시 예전처럼 마음이 설렐 수 있을 테니 말이죠.

 그러니 처음 그때의 행동보다 처음 그때의 마음을 만들어준 것을 더 생각하고 찾아보세요. 그럼 언제든 초심을 잃지 않을 테니 말이에요.

처음 그때 우리가 설렜던 이유

간절했던 이유를 잊지 말아요

초심을 잃지 않는 작은 등불이 되어줄 테니까요

부족한 면을 부끄러워하지 말아야겠다
억지로 채우려고도 하지 말아야겠다
왜냐하면 있는 그대로도 괜찮기 때문이다

노력은 당연한 것이 아니다
나를 위해서도 타인을 위해서도
노력은 당연하지 않은 정도로만 해도 괜찮다

익숙하지 않은 것을 자주 시도해야겠다
그래야 익숙하지 않은 것에
상처받을 일이 덜할 테니 말이다

나에게 불만을 가질 사람은 어떤 이유로든
불만을 가질 수 있다. 그걸 다 바로잡을 필요는 없다
그냥 그들이 참으면 될 일이다

어떤 사람이어야 한다보다
어떤 사람일까에 더 중심을 둬야겠다
그럼 함께할 수 있는 사람이 많아질 테니 말이다

사소한 것에도 기뻐할 수 있도록 해야겠다
그래야 힘든 어느 날에도
뜻밖의 무언가에 마음이 풀릴 수 있을 테니

질투심

질투해도 괜찮으니 억지로 벗어나려 하지 말아요.

때로는 질투하게 되는 일들이 있죠. 그래서 욱하고 올라오는 감정에 그냥 질투하는 대상이 다 불행해졌으면 좋겠다고 생각하게 되기도 하지만 이내 곧 질투하는 자신이 초라하게 느껴지기도 할 거예요.

이런 비슷한 감정은 한 번쯤 경험해봤을 거로 생각해요. 하지만 그 질투심에 사로잡혀서 인생이 휘둘리고 있는 수준이 아니라면 가끔은 그런 질투를 하고 그런 심술을 부린다고 해도 나쁘지 않다고 생각해요.

왜냐하면 그건 점점 내게 더 나아갈 힘이 될 거라고 믿기 때문이에요. 분명 질투심에 사로잡혀있으면 그런 거 없이 그냥 깎아내리기 바쁘겠지만 질투하고 조금의 자책을 하는 정도로 그친다면 분명 그건 언젠가 나를 더 움직일 원동력이 될 거예요.

그 때문에 질투심에서 너무 벗어나려고 애쓰지 않아도 괜찮아요. 그저 내가 질투하는 것이 무엇인지 그것이 내가 향하는 삶의 방향성과 맞는지 정도만 생각해보세요. 애초에 질투할 수밖에 없는 것은 질투를 피할 수가 없어요. 그럴 거라면 내게 도움 되는 쪽으로 질투하는 게 좋겠죠.

당신도 이미 알고 있을 거예요 계속 질투에 빠져있어 봐야 좋은 것은 없다고 말이죠. 하지만 또 다른 것도 알고 있죠. 그 질투하는 것을 나도 어쩌면 이뤄낼 수 있을지 모른다고 말이죠.

단지 그동안의 나는 이런저런 이유로 미뤄두었거나 용기가 나지 않아서 시도해 보지 않았던 것뿐일 수도 있다고 말이에요. 그렇다면 이번에 느낀 그 질투를 계기로 조금은 행동에 반영해보면 어떨까 싶어요.

세상에는 완전히 새로운 것은 그렇게 많지 않을 거예요. 대부분 앞서 나아간 무언가를 보고 조금은 질투하고 그렇게 영감을 받은 것을 개선해서 내보이는 것들이 더 많겠죠. 그렇기에 질투심은 마냥 나쁜 것만은 아니에요.

그리고 당신은 그걸 통제할 수 있는 능력이 충분히 있어요. 단지 지금까지 내가 이런저런 이유로 시도해보지 않은 것뿐이죠. 그러니 질투 나는 상대를 혹여나 흠잡고 깎아내리려 한다면 그런 마음은 내려놓았으면 해요.

당신의 품격에 맞게 당신도 충분히 할 수 있는 것을 보여주려고 시도해보세요. 그럼 어쩌면 질투했던 것보다 더 멋진 것을 언젠가는 내보일 수 있을지도 모르니 말이죠.

질투하는 건 당연해요 하지만
질투에 눈멀어 남을 깎아내리지는 말아요
그런다고 내가 더 나아지는 게 아니니 말이죠

만약에서 출발하기

막상 저지르면 새로운 활력이 생길 거예요.

좀 더 나아지고 싶다고 생각하지만 무엇부터 시작해야 할지 모르는 경우가 있을 거예요. 그럴 때는 만약 이라는 말로 시작해보는 건 어떨까 싶어요.

남들의 삶을 지켜보다 보면 뭔가 그 사람들은 알아서 더 나은 재미나 삶의 길을 걷는 것 같아 보이죠. 그래서 어딘가 모르게 조바심도 나고 때로는 그 비결이 무엇일지 고민하게 되기도 하죠.

하지만 남들도 별다른 비결은 없을 거예요 그저 "그냥 해보면 괜찮을 거 같아서"라는 측면에서 시작한 부분이 더 많을 거라고 생각해요. 그것처럼 우리도 만약에 라는 말로 시작해서 덧붙일 수 있는 걸 찾아보면 어떨까 싶어요.

아마 당신이 어린 시절부터 하고 싶었지만 하지 못했던 것들이 하나 즈음 있을 거예요. 혹은 그냥 생각은 몇 번 했는데 그걸 실천할 자신이 없어서 그냥 다른 사람의 일처럼 바라보기만 했던 것도 있을 거예요.

그런 것들을 한번 목록을 작성해보세요. 바로 실천하는 건 힘들어도 목록을 작성하는 것 정도는 어렵지 않잖아요? 만일 목록을 작성했다면 이제는 그것과 관련된 부분을 좀 더 집중적으로 들여다볼 필요가 있어요.

'내가 만약에'라며 생각했던 것을 다른 사람이 실제로 실행하는 것을 보며 나는 왜 그것을 실천하지 못했었는지 한번 곰곰이 생각해보세요.

그리고 그 생각에서 정말 현실적으로 불가능하다고 생각하는 게 아니라면 가장 쉽게 접할 수 있는 부분을 한번 찾아보세요. 아마 당신이 흥미롭게 생각했던 만큼 찾아보는 것이 어렵지는 않을 거예요.

만일 찾았다면 조금이라도 시간을 투자해서 쉽게 접할 수 있는 것부터 하나씩 해보세요. 여태까지 만일이라는 생각 안에 가둬두기만 하고 남을 부러워하기만 했지만 조금씩 해본다는 생각에 만족감이 차오를 거예요.

우리가 무언가를 시도하지 못하고 주저할 때는 이렇게 만일이라는 가정에서 출발하는 것이 가장 좋아요. 그건 당신을 들뜨게 만들 것이고 없던 의욕도 만들어줄 거예요.

당신이 요즘 의욕 없는 삶을 살고 있다면 이렇게 한번 시도해보는 건 어떨까요? 그냥 멍하니 생각만 하고 그렇게 시간을 보낸 자신을 탓하게 되는 것보단 낫지 않을까요?

더 이상 당신의 가능성을 만일이라는 생각 안에만 가둬두지 말았으면 좋겠어요.

행동하기까지가 가장 어려울 거예요
하지만 막상 저지르고 보면 꽤 재미있을 거예요
그러니 지금 실천해보는 건 어떨까요?

☾ 완벽한 계획은 없다.

멈추지 않는다면 그것만으로도 충분해요.

어떤 일을 하든 꼼꼼하게 계획하고 완벽하게 준비해야 마음이 편한 성격의 사람이 있죠. 이런 사람들의 가장 큰 스트레스는 그런 계획을 하지 못하는 상황이거나 혹은 계획대로 되지 않는 상황일 거예요.

만일 당신이 그런 사람이고 이러한 면들이 단점이라고 생각해서 고치고 싶다면 우선은 계획을 덜 세워봐야겠다고 생각하는 것은 하지 않기를 바라요.

앞서서도 종종 언급했지만 억지로 무언가를 하는 것은 좋지 않은 경우가 많아요. 그것처럼 성격 일부분을 보완하는 것도 마찬가지죠. 특히나 꼼꼼하게 확인하고 계획을 세우는 당신이라면 하던 것을 갑자기 안 하기란 매우 힘든 일이 될 거예요.

그러므로 그냥 남들을 보면서 저 사람은 별생각 없이 편하게 하니까 나도 그렇게 따라 해서 그렇게 되었으면 좋겠다는 접근법보다는 기존의 나의 그런 성격에서 결말을 받아들이는 부분만 바꿔나가면 된다고 우선은 생각해보는 게 좋아요.

꼼꼼하게 준비했지만 몇 가지 세부적인 변수가 생겨서 항상 계획대로 되지 않는 경우가 많죠. 동행이 있다면 시간을 제대로 지키지 못한다거나 혹은 알아본 장소가 갑자기 문을 닫았거나 혹은 생각보다 도착지점까지 시간이 더 걸렸다거나 이런 식으로 변수는 다양하죠.

그렇게 틀어지기 시작한 것은 온종일 계속 마음을 찝찝하게 만드는데 우리는 그런 부분을 받아들이는 것에서 변화를 시작한다고 생각하면 좋을 거예요.

분명 많은 것을 한 번에 변화시킬 수는 없어요. 성격이라면 더욱더 그렇겠죠. 하지만 어쩔 수 없는 부분에 대한 것을 받아들이는 능력이 길러지면 변화에 있어서 좀 더 쉽게 접근할 수 있는 부분들이 생겨날 거예요.

왜 나는 노력을 한다고 하는데 빨리 잘 안 되는 거지. 남들은 쉽게 잘하는데 이런 식의 태도는 오히려 내가 원하는 바를 더 이루기 어려워지게 만들기만 할 거예요.

그 때문에 어떤 계획을 자신조차도 피곤하게 느낄 정도로 하고 있더라도 그걸 한동안은 하던 대로 하는 게 좋아요. 그리고 내가 통제해도 어쩔 수 없는 변수에 내 감정이 어떻게 작용하는지만 차분히 지켜보세요.

그리고 만일 그런 변수에도 태연해지는 게 쉬워진다면 당신이 원하는 만큼 계획의 정도를 줄이는 것도 쉬워질 거예요. 그러니 완벽한 계획은 없다고 생각하고 어쩔 수 없는 것에 적응해보기로 해요.

완벽한 계획은 없어요
완벽하지 않은 계획 또한 나쁜 것이 아니죠
그러니 뜻대로 안 된다고 너무 상심하지 말아요

☾ 너의 잘못이 아니야

어딘가에서 고민하고 있을 너에게
분명 너도 그러고 싶어서 그랬던 건 아닐 거야.
어쩌면 생각보다 많은 것들이 꼬이니까
너도 어쩔 수 없었을 거란 걸 알아.

많은 것들이 그저 네 탓처럼 느껴지기만 하겠지.
지금까지 열심히 해왔는데 결과가 생각보다 초라해서
너도 많이 답답했을 거야.

노력을 알아주는 사람은 적고
노력을 비꼬는 사람은 항상 많은 것처럼 느껴졌겠지

그래서 함께하는 사람들을 통해 위로받고 싶어도
어울리는 사람은 어느 정도 있지만
정말 내 마음을 알아주는 사람은 없는 것만 같아서
때로는 부질없고 공허하다는 마음이 있었을 거야.

많은 걸 바란 건 아닌 데라고 생각하면서도
또 한편으로는 너무 많은 걸 바랬나 생각하며
씁쓸해지기도 했을 거야.

알아, 이렇게 된 것이 다 누구 때문이야 말하고 싶지만
마음 약하고 착한 너는 그조차도 쉽지 않아
결국 돌고 돌아 너 자신을 탓 할 거라는 걸
그렇게 고단한 하루를 보내고 나서 누웠을 때
멍하니 천장만 바라보다가 그냥 문득 느껴지는
서러움에 볼을 타고 흐르는 눈물 한 방울을 닦으며
잠이 들곤 했을 거야.

나는 네가 열심히 한 것을 알고 있어
그리고 뜻대로 풀리지 않았던 모든 것에도
네가 얼마나 마음을 많이 썼을 줄도 알고 있어.

그리고 나는 네가 얼마나 따뜻한 사람인지도 알고 있어
너도 많이 외롭겠지만 힘들어하는 누군가에게
마음의 따뜻함을 기꺼이 나눠줄 사람이란걸 알고 있어

그렇기에 나는 너에게 말하고 싶어

힘들게 노력하는 어느 순간에도
외로움에 조금 눈물 흘리게 되는 어느 밤에도
너의 잘못인 것만 같아서 자책하게 되는 날에도

너의 잘못이 아니라고.

끝으로

  누구에게나 힘든 시기는 있죠. 대부분 아직도 그 시기를 헤쳐 나가는 중일 것이고 저마다의 입장에서 출구가 보이는 사람도 보이지 않는 사람도 있을 거예요.

  저는 이번 이야기들을 통해서 그럴 당신에게 조금의 자신을 위로할 만한 이러한 시각도 있다는 걸 보여주고 싶었어요. 단순한 위로가 아닌 언제라도 당신이 또 힘들어지면 찾아보고 자신을 위로 할 수 있는 그런 이야기를 쓰고 싶었어요.

  그것이 충분했는지 어떨지는 알 수 없어요. 그저 당신에게 이런 마음이 조금이라도 닿았다면 그걸로도 충분할 거라고 생각해요.

  우리는 딱 맞는 나의 편이 있기를 항상 바라죠. 그래서 일지 이번 이야기를 쓰면서 내가 얻고 싶은 나의 편이라면 어떤 말을 해줄까? 라는 생각도 많이 했어요.

  항상 원고를 마무리할 때 즈음이면 담아둔 이야기보다 더하지 못한 이야기들에 아쉬움을 느낄 때가 많아요. 특히 이번 이야기에서는 그런 이야기가 다른 어느 때보다도 많았던 것 같아요.

만일 공감이 되었던 부분이 있다면 혹은 위로에도 아직 도움이 더 필요하다면 언제든 제 인스타그램 @2heslab으로 찾아와서 함께 이야기했으면 좋겠어요.

끝으로 제 긴 이야기를 여기까지 봐주신 독자분들에게 감사의 인사를 전합니다. 부족하지만 제 글을 봐주고 관심을 주셨던 분들이 있기에 벌써 세 번째 책을 내는 작가가 되었다는 생각에 저도 여러분을 통해서 힘을 많이 얻습니다.

누구에게나 인생의 어떤 계기가 있듯 여러분들은 저에게 그런 계기라고 생각해 주셨으면 좋겠습니다. 그렇기에 여러분이 어디서 무엇을 하든 저는 여러분을 응원할 것입니다.

끝으로 항상 응원과 도움을 주시는 전경섭 시인님께도 감사드립니다. 또한 새로운 곳에서 즐겁게 출발할 수 있도록 긍정적으로 지원해 주신 하모니북 대표님에게도 감사의 인사를 드립니다.

자책하는 모든 이들의 마음이 가벼워졌기를 바라며
-투히스-

너
의
잘
못
이
아
니
야

초판 1쇄　2022년 2월 17일
지 은 이　투히스
펴 낸 곳　하모니북

출판등록　2018년 5월 2일 제 2018-0000-68호
이 메 일　harmony.book1@gmail.com
전화번호　02-2671-5663
팩　　스　02-2671-5662

979-11-6747-033-1 03810
ⓒ 투히스, 2022, Printed in Korea

값 15,500원

이 도서의 국립중앙도서관 출판예정도서목록(CIP)은 서지정보유통지원시스템 홈페이지(http://seoji.nl.go.kr)와 국가자료공동목록시스템(http://www.nl.go.kr/kolisnet)에서 이용하실 수 있습니다.

이 책은 저작권법에 따라 보호받는 저작물이므로 무단 전재와 무단 복제를 금지하며, 이 책 내용의 전부 또는 일부를 이용하려면 반드시 저작권자와 출판사의 서면 동의를 받아야 합니다.